动态耦合机制下高技术产业发展与金融供给侧改革研究

李 露 著

东南大学出版社
SOUTHEAST UNIVERSITY PRESS
·南京·

图书在版编目(CIP)数据

动态耦合机制下高技术产业发展与金融供给侧改革研究/李露著. —南京:东南大学出版社,2018.12
ISBN 978-7-5641-8181-9

Ⅰ. ①动… Ⅱ. ①李… Ⅲ. ①高技术产业—产业发展—研究—中国 ②金融改革—研究—中国
Ⅳ. ①F279.244.4 ②F832.1

中国版本图书馆 CIP 数据核字(2018)第 289687 号

动态耦合机制下高技术产业发展与金融供给侧改革研究

著　　者:李　露
出版发行:东南大学出版社
社　　址:南京市四牌楼 2 号　　**邮编**:210096
出 版 人:江建中
网　　址:http://www.seupress.com
电子邮箱:press@seupress.com
经　　销:全国各地新华书店
印　　刷:江苏凤凰数码印务有限公司
开　　本:700 mm×1000 mm　1/16
印　　张:12.75
字　　数:210 千字
版　　次:2018 年 12 月第 1 版
印　　次:2018 年 12 月第 1 次印刷
书　　号:ISBN 978-7-5641-8181-9
定　　价:45.00 元

本社图书若有印装质量问题,请直接与读者服务部联系。电话(传真):025-83792328

前 言

在创新经济大背景下，高技术产业得到了飞速发展。2016 年国内有 29 631 家高技术企业，较 2005 年(17 527 家)增长约 69%；2016 年高技术产业从业人员人数 1 354 万人，较 2005 年(663 万人)增长约 104%；2016 年高技术产业主营业务收入为 139 969 亿元，较 2005 年(33 916 亿元)增加约 313%；2016 年高技术产业利润总额为8 986 亿元，较 2005 年(1 423 亿元)增加约 531%。中国高技术产业发展快速，成为经济增长的新支撑点，同时高技术产业的发展改变了国家经济发展的质量内涵，成为当前转型升级和生产力发展的重要推动力。2016 年 1 月 13 日国务院总理李克强主持召开国务院常务会议，指出要完善高技术企业认定办法，加大对科技型企业的普惠性政策扶持，激励市场主体高技术企业增加研发投入。2015 年 11 月，国家提出“供给侧结构性改革”重大经济举措，希望通过提高经济供给体系效率和质量来解决经济结构性问题，驱动国内经济增长，实现经济可持续发展。2016 年 7 月，国务院常务会议指出，金融供给促进实体经济发展的首要任务是降低企业融资难度和融资成本，要落实有针对性地加强科技型企业金融服务的措施，支持创投企业并加强对高技术产业方向的投资，拓展高技术企业融资途径，结合高技术企业特点并顺应其需求建立相关保税仓库等。

当前，虽然中国高技术产业成长速度较快，但其中不乏存在产业基础薄弱、动态能力欠缺、积累不足等诸多问题。就发展外部宏观经济环境而言，较突出的问题是金融供给对高技术产业发展的支持效率低，金融供给没有实现与高技术产业协同发展。这主要是由于金融支持开放性思维不够，金融供给不注重高技术产业运行规律，过程偏于静态和机械。金融供给作为高技术产业发展筹资的主要来源，必然影响高技术产业各种资源的选择和配置，从而影响高技术产业的整体发展绩效，故当下金融供给侧的供给效率等问题成为阻碍高技术产业发展前进中的桎梏。

本书旨在通过深入分析金融供给侧与高技术产业的动态发展和耦合关系等，探究支持高技术产业发展的金融供给侧改革对策。主要思路是借鉴供给学派供给理论、金融发展和产业发展理论、系统耦合理论等，围绕高技术产业的特征，首先通过信息熵对金融供给侧系统和高技术产业发展系统指标赋权并进行计量检验，证明两系统存在长期均衡的因果关系。随后在此基础上，分析这两系统动态演化规律、演化发展过程中的耦合动力和耦合机制，同时进一步构建金融供给侧与高技术产业发展耦合协调模型，精确定量分析两者的耦合协调度，以理论分析和模型研究为支撑，深入探讨支持高技术产业发展的金融供给侧改革对策，从而促进高技术产业发展。

本研究创新之处体现在以下几个方面：

(1) 研究体系涉及了多学科交叉融合。文章引入了系统、协同、耦合、熵等物理学概念以及管理学中高技术产业管理、供给侧改革等相关内容。运用物理学和经济学开展定量研究，运用管理学着力于定性研究，合力探讨金融供给与高技术产业协调发展情况，最终提出金融供给侧改革对策。

（2）研究对象范围限定为高技术产业，研究结论针对性和实用性更强。首先，在创新经济深度推进的背景下，高技术产业发展具有重要的战略意义。区别以往不分行业展开普遍性分析，本研究针对高技术产业收集数据，展开分析，指向性更强，对提升高技术产业整体运行绩效更具指导作用。

其次研究聚焦金融供给侧。目前学术界对高技术产业发展的研究多是从高技术产业内部结构、治理等因素展开分析，或者从微观高技术企业相关数据展开分析，缺乏对高技术产业所处的外部金融市场环境方面的考虑，而金融供给侧的发展对高技术产业影响巨大，其直接关系到高技术产业发展的资源配置和选择。故本次研究聚焦高技术产业发展过程中金融供给侧改革大环境因素，同时改善了以往研究中直接运用相关金融市场环境指数的研究方法，采用熵值赋权对金融供给侧发展状况展开量化分析，为助力高技术产业发展的金融供给侧改革研究做出新贡献。

（3）本研究建立了基于熵值法赋权的耦合模型。本研究对于系统参量采用信息熵进行赋权，以增强数据处理的科学性。研究紧紧围绕研究对象的特点，识别关键要素，构建了高技术产业与金融供给侧两系统指标体系，采用熵值赋权作为后续相关模型构建、变量测量的基础。同时研究提出了高技术产业系统与金融供给侧系统耦合度测量模型，对两系统发展状况、耦合关联度、耦合协调度等多层次循序渐进地进行研究。

（4）研究系统分析了当前两系统优质耦合发展的障碍，并给出了相关战略对策。通过对近二十年高技术产业和金融供给侧两系统发展的总体情况的综合评估，研究从金融资源需求端（高技术产业）和金融资源供给侧两个角度提出优化对策，系统化地提高两者耦合协调度，使得研究更加立体、丰满，更具科学性和可操作性。

目　录

第一章　绪　论

1.1　研究背景与意义

1.1.1　研究背景

目前，全球经济低迷，亚洲新兴经济体与西方发达经济体竞争加剧。在此大背景下，为走出经济低迷泥潭，推动经济持续、健康、快速发展，各国纷纷集中资源，加速推进技术创新，争夺先进技术战略高地。同时纵观西方现代经济发展史，高技术产业的发展也一直在各国经济发展中起着引擎作用[1]。以此可见高技术产业发展规模以及发展程度，对一国经济发展的作用异常显著，高技术产业发展具有助力国家经济发展、提高一国国际竞争力的重要战略意义[2]。同样，中国高技术产业亦凭借技术创新和效率以及自身独特的优势，为经济发展及经济结构调整做出了巨大的贡献，成为中国国民经济发展的新兴力量。然而，当前中国高技术产业发展仍存在诸多桎梏，高技术产业发展仍存在提升空间。高技术产业是以创新、技术等无形资产为核心要素的经济活动系统[3]，其生存环境复杂多变，技术发展呈现非线性方式，创新的动态性较强，发展中的不确定性因素较多，因此给高技术产业发展带来诸多挑战[4]。高技术产业发展效率是在外部环境和内部发展二者共同作用下所呈现的结果，对高技术产业发展的研究应该向内延伸至高技术企业内部决策管理方面，向外拓展至其生存发展的宏观环境，而外部金融供给环境则是众多环境影响因素中必须考虑的重要因素。当前在高技术产业发展过程中，许多研究涉及金融供给对高技术产业发展的支持作用，但欠缺对两者的协同考虑，忽略了对金融供给与高技术产业发展是否协调、匹配的研究。因此，本书拟在此方面有所拓展。

金融供给是现代经济的核心，而当前金融供给的相关因素会调整高技术企业利益选择的均衡点，金融供给规模、金融供给质量及供给效率等相关因素必然影响到高技术企业对资源的配置和选择，因此供给侧端的金融供给状况是高技术产业发展不可忽略的宏观背景。金融供给侧改革与高技术产业只有协同发展、协调发展才能使高技术产业发展最优化，从而使产业发展效率最优。故高技术产业发展不但不能忽略金融供给作用的结果，而且还要注意两系统发展的匹配性和协调度[5]，从而更具针对性地实施金融供给侧改革，推动高技术产业发展。具体来讲，在高技术产业成长过程中，金融资源供给必不可缺，在产业发展各阶段都展现出其稀缺性、基础性、战略性的特点，并影响着高技术产业发展中其他资源要素的重新分配[6]。科学、合理、高效的金融供给体系，不仅能履行为高技术产业提供发展资金的基础职能，而且可以有效控制、分散产业发展风险，提升产业发展速度和效率[7]。但目前由于高技术产业发展的自身特点，比如在其发展阶段，尤其创业初期风险承担与收益获取不匹配，收益获取存在滞后性和不确定性，导致了高技术产业发展难以获得金融供给优质高效的支持，资金获取存在障碍，故难以形成较大规模的产业资本，从而阻碍了高技术产业的发展。

国务院总理李克强在2016年1月27日主持召开的国务院常务会议上明确给出了五个指导性意见。其中首要意见就是引导金融机构加大对高新技术企业的支持，充分发挥金融供给的支持作用，从而推进制造强国建设[8]。2017年3月5日，李克强总理在十二届全国人大五次会议开幕式上作了政府工作报告。随后全国政协经济委员会副主任闫冰竹指出，《政府工作报告》提出了金融工作目标和金融工作要求。闫冰竹表示金融供给侧改革迫在眉睫，改革主要应该激发金融体系竞争活力，针对当前金融有效供给不足的情况，应该在降低供给成本、提高供给效率、促进金融供给资源优化方面下功夫。

中国高技术产业仍然有很大的发展潜力，而金融供给只有与高技术产业发展过程中所呈现出的特征相匹配才能发挥其助力作用，故中国金融供给应该在了解高技术企业金融需求的情况下实现定向精准供给。所谓金融需求，其实强调的是关注高技术产业在发展进程中对金融产品以及服务等的需求特点，了解了这一问题有助于分析和探究市场的金融供给效果。客观来讲，高技术产业金融需求呈现出如下几大特征：

第一，对金融资源的需求规模较大、频率高。高技术产业发展过程中对金融资源的需求首先体现在数量规模方面。高技术企业发展各个阶段，不论是新技术的发明、开辟新的生产路径，还是更新生产工艺、提升产品性能，都需要投入大量的资金。对于初创期的高技术企业而言，自有资金较少，只有获得外来资金方面的支持才可能全力地研发新技术，创造新产品，资金供给不足，研发只能中止，无所突破。步入成长期以后，高技术企业的发展速度会更加快，此时企业对外来资金的需求也有增无减，若是无法获得资金，前期的投入就无法收回，形成沉没成本，给企业造成较大损失。另外，高技术企业发展过程中生产设备经常会面临着升级更新问题，淘汰旧机器、更新设备等都需要资金的支持。综上，在高技术产业发展过程中，需要持续性、大规模投入资金进行研发和生产。

第二，对金融工具与服务的需求更趋多元化和个性化。高技术产业的发展需要大量的金融资源支持，对金融产品的需求和传统企业也有着诸多不同，其更倾向于资产证券化的产品，如金融期权等金融工具以及产品组合、收益评估的附加值比较高的金融产品。可以看出，金融供给部门需要积极地推出新产品才能满足高技术企业个性化的需求。比如将高技术企业组成联合企业，以联合企业的名义发放债券，通过联合债券融资减轻单个企业的资金压力。另外，中国金融供给机构可以借鉴国外先进经验，选择合适的高新技术企业构建合作关系，设计出符合企业发展需求的特殊产品或服务，从而满足高技术企业的个性化需要。此外，在高技术企业发展壮大的过程中，需要金融供给机构积极进行服务创新，比如可以为高技术企业提供联系质量检测、产品认证、技术信息咨询、推荐战略伙伴、协调合作关系等一系列个性化服务。高技术产业的金融供给还包括服务区域的拓展，不但需要国内金融供给机构的服务支持，而且还需要海外金融机构的协助。总体上高技术产业发展对金融需求呈现出多元化和个性化的特征。

第三，急需针对高技术产业的高风险、高回报率的金融产品。首先，对于金融供给与需求双方，高技术产业的最大问题就是发展过程中的不确定性，高技术产业发展过程中研发、成果转化、投资生产等经营活动需要大量资金的持续投入，而这些经营活动各个环节都有经营失败的风险。其次，多数高技术产业资产形态特征是自有资产中无形资产占比较高，故对融资难以提供金融供给侧认可的等值资产担保，所以高技术产业经营风险高等特点决定了其派生出的金融需求特征。即高技术产业需要金融供给部门设计出匹配其需求特征的金融产品，这种金融产品不能以安全性作为资源投放的首要考量指标，而是要在追求高收益中愿意承受高风险。另一方面，一旦高技术产品研发成功，被市场接受后，独创产品的高使用价值又能使产品拥有高市场占有率，企业能获得高额利润，给予金融供给方的回报也是丰硕的。所以高技术产业对金融产品的需求体现出其独有的特征。

而针对高技术产业发展的金融供给滞后，支持效率较低，主要表现为以下几个方面：第一，针对高技术产业的贷款一直处于低位投放。数量上其贷款总额远低于传统企业贷款总额，速度上高技术产业贷款年均增速低于传统企业年均增速[9]。第二，资金贷款结构性问题突出。以银行贷款为例，发放贷款的对象同质化现象严重，且优先发放给中心发达城市大型高技术企业。这种选择性放贷直接导致中小高技术企业融资更为困难[10]。第三，针对高技术产业发展的金融服务和金融产品创新性不足。

综上，促进高技术产业的发展是中国当前发展经济的必由之路，经过研究分析，金融供给侧对于高技术产业发展的作用和意义显著。因为在创新经济中，作为高技术产业的基础单位，高技术企业期望在动态多变的环境中，无论是谋求发展机会、获取技术资源，还是增强管理效率、提升技术能力，前提都是获得资金支持。融资是高技术企业发展前期乃至整个发展过程中非常重要的环节，融资的方式和结果关系到整个市场资源的配置和选择。只有获得最合适的金融供给资源，高技术企业才能拥有最优市场绩效，高技术产业才能实现高效率发展。在此背景下，国内金融供给市场需要改革创新，针对高技术产业发展提高金融供给的整体运作效率。对此，需要在中观层面对金融供给与高技术产业发展开展定量研究，更科学地衡量金融供给与高技术产业发展之间的耦合协调性问题，从而促进金融供给与高技术产业发展达成优质耦合，精准支持高技术产业实现快速高质发展。

1.1.2 研究意义

鉴于高技术产业发展的特殊性，与其匹配的金融供给状况研究颇具意义，而其中的关键即两系统动态耦合研究一直鲜有人触及。本书首先通过计量检验和理论分析金融供给侧和高技术产业发展两系统的关系，随后建立模型具体测量高技术产业发展与金融供给侧系统耦合协调度，量化反映两系统的相互影响作用。目的在于厘清高技术产业发展与金融供给侧改革两系统内部的动态演化轨迹、耦合机制以及当前耦合协调程度，并在此基础上开展金融供给侧改革研究，从而使金融供给侧改革针对性更强，研究更为细化，对高技术产业提供的金融供给支持更为精准，最终促进高技术产业高效率发展。

1.1.2.1 理论意义

首先，运用新供给主义理论等对中国金融资源配给的问题进行了探讨，为该类问题的研究开辟了新的思路，有助于补充中国金融理论体系，细化了供给侧改革研究，并强化了供给侧改革研究的针对性。

其次，针对高技术产业和金融供给侧，分析了产业动态演化史，整理产业相关发展数据并构建高技术产业发展评价指标，研究结果丰富和完善了高技术产业发展相关理论。

最后，明晰高技术产业和金融供给侧系统互动机理，并从系统科学的角度开展金融供给与高技术产业耦合发展研究，弥补了高技术产业发展与金融供给融合问题的相关研究空白，为解决高技术产业和金融供给侧协同耦合发展过程中存在的种种障碍提供学术支持和参考。

1.1.2.2 实践意义

首先，通过对金融供给侧发展的现状和存在问题的研究，有助于进一步推进金融供给侧改革，提升金融市场供给配置资源的效率。当前中国金融市场还不成熟，市场还未全面发挥对金融资源供给配置的主导性作用，金融供给资源在时间、空间维度的配置，以及在直接、间接供给结构等方面还存在诸多问题。研究结果有助于推进金融供给侧改革，完善金融市场机制，进一步提高金融行业全要素生产效率。

其次，研究结果有助于加速高技术产业发展与金融供给融合，促使两系统形成优质协调耦合，从而实现高技术产业发展效率的最大化。研究结果有助于高技术产业根据自身的发展需要，从高效率的金融市场实现其金融需求，降低融资成本，分散风险，突破限制产业发展壮大的瓶颈，从而提升产业发展的市场绩效。另外，促进高技术产业发展效率提升后，无论是对推进中国经济结构转型升级，增强中国经济国际竞争力，还是对推动中国经济持续较快地发展，都具有深远的战略意义。

1.2 理论回顾与概念辨析

1.2.1 理论基础

为了对金融供给侧、高技术产业发展等研究内容进行系统、全面、科学的分析论述，下面对相关领域的研究文献进行梳理，第一部分为理论基础梳理，具体如下。

1.2.1.1 金融发展理论

20 世纪 70 年代，麦金农（Mckinnon）和肖（Shaw）两位学者同时提出了金融发展理论。该理论的主要含义是：在一个不确定的环境中，金融能够实现跨时空的资源配置，这就是金融体系的最主要功能。为了更好地阐述该理论，这两位学者建立了一个框架，选择发展中国家作为研究对象，对其存在的“金融抑制”行为进行重点分析，以获得金融深化对产业发展及经济增长产生的影响[11-12]。分析指出，金融约束和金融压抑广泛存在于发展中国家，这种人为的干预导致金融体系无法有效地聚集金融资源，从而阻碍了金融供给体系的发展。金融供给体系对产业发展的推动作用主要通过两个途径实现：一个是资本创新，另一个是技术创新[13]。其作用机理也表现在两个方面，简要表述为降低获取信息的成本以及降低市场的创新风险。

1.2.1.2 供给学派供给决定理论

供给学派可以追溯至 19 世纪初，让·巴蒂斯特·萨伊作为西方供给学派的奠基人之一，其思想受到了《国富论》的影响，1803年，萨伊在其著作《政治经济学概论——财富的产生、分配和消费》中明确强调，我们人类是可以借助于劳动来创造效用的，进而使得某些物体产生价值。生产伴随需求，有的产品自问世起，就为自身铺垫好了销路。此即对后世产生重要影响的“供给创造需求”理论[14]，学术界将其称之为“萨伊定律”。萨伊对于供给的重要性作出了充分的说明，极大地丰富了古典经济理论的内容。

随后以需求管理著称的凯恩斯主义进入人们的视野，供给学派的影响力逐渐下降[15]。直到20世纪七八十年代，发达国家陷入经济停滞不前，通货膨胀率、失业率不断攀升的危机当中，此时凯恩斯主义根本无法有效地帮助政府解决困境[16]，在此种大环境下，供给学派才再次发力[17]。以乔治·吉尔德等为代表人物的供给学派，强调只有扩大供给才能确保当下的市场需求不再萎缩。换言之，现如今政府不应该在刺激需求方面倾注心力，相反，应该想办法扩大供给，挖掘市场的潜力，将各种负面因素铲除，为经济的发展清除路障。学派中分为极端和温和两大分支：前者强调政府必须要做到减免赋税，然后以边际税率作为各个产品间的相对价格；后者关注的是财政赤字、通货膨胀率等变量间的复杂关系问题。两派侧重点有所不同[18]。

20世纪中后期，作为经济供给学派代表的美国经济学家拉弗(Arthur Betz Laffer)提出“拉弗曲线”。拉弗强调，“经济运行中需求会自动逐步适应供给的变化”，认为供给是供给和需求之间的决定因素，自由竞争会促成市场经济中供给和需求的自动均衡。同时，人力以及资本等资源的供给以及高效利用可以对生产力产生显著影响，资本积累能够在根本上决定生产的增速[19]。因此主张政府要在储蓄以及投资方面下功夫，大幅度减税，大力削减政府社会支出，刺激市场加大生产要素投入，消除影响生产要素供给的障碍并增加生产要素供给的有效性[20]，同时要减少货币发行，严格控制通货膨胀。

1.2.1.3 新供给主义理论

近年来，中国出现了研究供给理论的本土流派，学术界习惯将其称为“新供给主义学派”①，该流派将西方的供给思想概括为“降低对供给的约束”，并融合考虑了中国经济发展的相关情况，最终演变为一种全新的流派[21]。中国新供给主义经济学派的滕泰强调，若是供给侧存在弊端或不足即会导致产能过剩等诸多问题，政府应该指引资源以及资本流入到新供给领域，借助于新供给来刺激更多需求的出现，如此一来才能从根本上解决产能问题[22]。本土流派阐释“新供给”的内涵为：由于新技术、新业态、新管理模式等全新的财富形态的存在，进而出现了全新的商业价值，新的需求潜力被挖掘出来，于是新的供给开始出现。借助于扩大供给来消耗多余的产能是具有可行性的，主要有如下两种做法：第一，指引各项生产要素实现有序转移，提升供给效率，培育新供给市场，依托于此来吸收过剩产能，为经济的发展注入活力；第二，改革传统产业供给的结构，确保其拥有某种“新价值”，进而出现新供给，刺激过剩产能为新供给服务，最终促使更多的产能可以在产业内部消耗掉[23]。该学派对于经济周期问题也提出了属于自己的看法，指出一个经济周期其实可以细分成新供给形成、扩张、成熟以及老化阶段。就形成阶段来说，供给可以创造出一定的需求；在扩张

① 王一鸣，陈昌盛，等. 重构新平衡：宏观经济形势展望与供给侧结构性改革[M]. 北京：中国发展出版社，2016.

阶段，某一个单位的有效供给可以激发出若干的有效需求；而在成熟以及老化阶段，供给在创造需求方面表现得有些力不从心，到最后一个单位的供给只能创造 $1/n$ 的需求[24]。在经济学界，供给学派是极力反对垄断的，高连奎强调市场的自由化，但是这并不影响供给学派也主张干预，而是强调干预的重点应该侧重于供给方面，而非需求方面，努力减少直接约束（直接约束即非市场因素对供给数量、价格等进行某种限制，最终致使市场供给主体的作用无法发挥出来，供给不足，需求萎缩），并没有在间接约束（间接约束指的是所实施的货币或财政政策于无形当中提升了企业的融资成本，致使企业的盈利空间被挤压，最终促使新的供给无法实现）方面发力[25]。以当前最为熟悉的政府放权来说，便是一种较为有效的破除直接约束的方式。就中国而言，“间接供给约束”对于市场产生的影响也不可忽视[26]。冯志峰认为供给侧结构性改革主要在技术发展进步的背景下，从金融制度、财富分配机制等技术方面来推进改革[27]；胡鞍钢、周绍杰、任皓认为供给侧结构性改革短期与长期的关注重点有所侧重，在落实创新、协调等五大发展理念的长期目标指引下，以短期“三去一将一步”为手段，从而实现长期经济可持续增长[28]；贾康、张斌认为供给侧结构性改革重点是改革方法，如何进一步构建转型升级机制，可以考虑“八双、五并重”的对策[29]；金海年认为供给侧结构性改革其实就是政府以经济供给要素为切入点，优化组合，提升此类要素生产效率和质量，引导并创造新的经济需求，推动经济可持续发展。新供给主义经济理论在经济调控方面思路更广，认为政府在推动各项事业发展方面发挥着重要作用，但是政府不应该干预需求问题，而是应该积极地干预供给问题，也就是说必须要赋予市场更多的自由。新供给主义的追求就是借助于解除政府对于供给的约束以及“培养新供给”等来刺激需求的产生[30]，最终确保国民经济可以在健康的轨道上奋力前行。

1.2.1.4 系统理论

奥地利知名学者贝塔朗菲在1945年针对系统理论提出了自己的看法，即各要素间如果存在相互关联性且具备相互作用，那么其就构成系统。通过对自然与社会中存在的系统进行观察可对其特征进行总结，系统涵盖了整体性、功能性等多方面内容[31]。部分专家表示，系统中涵盖两类元素[32]，一类为物质化，另一类为抽象化，它们之间有密切的联系。钱学森教授认为，所谓的系统应当是有机体内部各部分存在彼此影响和依存关系，同时各部分通过组合可展现出特定功能，系统的特点主要包括有序性、动态性等内容[33]。从系统角度来对问题展开剖析涉及以下几点：首先对系统所要研究的问题进行明确，通过系统分析拿出各类可行性方案，其中包括借助系统进行定性与定量分析[34]。其次将系统进行融合分析，如此可使决策者利用整体视角来判断问题并寻求解决之道，最终确保问题得以化解。要注意对系统间的关系及彼此影响程度做出认真评判，采用动态方式进行细致剖析[35]。最后还要能够将环境的影响及作用置于系统之中，对其进行深入探讨。通常来讲，系统分析能够对系统结构做出明确展示和说明，对决策者来说，其可以利用上述方式来改善管理并进行问题处置，化解管理难题，确保目标得以实现[36]。

在20世纪的科学革命中，系统科学占有重要席位。其首先由控制论等“老三论”开始走向包括突变论等理论在内的“新三论”，随后又再次调整为“新新三论”[37]，而在这一内容中，重点囊括了混沌论等内容[38]。由此可见，这一理论的科学体系历经多次变革，获得了不断的发展。系统耦合相关分析则是以上述内容为基础，对系统内在机理及发展进程的细致剖析。

1.2.1.5 耦合理论

耦合源自物理名词，强调的是系统间或元素运动彼此间的关联性及影响，其所形成的现象事实上是不同子系统间所达到的一种良性互动[39]。一般来说，耦合的度量必须要在两个及以上实体中进行①。任继周认为，两个或两个以上性质相近的系统，在一定条件下，通过能流、物流和信息流的超循环，能够融合并达到更高等级的功能体要求，因此所谓的系统耦合从根本上看即系统间因果关系的体现[40]。系统耦合过程如同化学反应，正、逆向过程并存，正向如正协同效应，即复合的总体效益要大于两个或多个个体独自产生的效益之和，正向催化即把一定的物质能量融入系统之中并对系统形成促进作用；反向催化即负协同效应，综合运用多种措施还不如只用其中之一[41]。利用正协调效应能够填补系统漏洞，可确保系统生产力水平保持活跃，同时能够很好地处理系统中各类矛盾，确保系统运行的协调性，最终确保系统生产力达到较高水准和要求，产品数量和规模得以扩大。陈建明指出，利用系统耦合可使系统层次由低级向高级发生转变，最终确保系统生产力水平的真正提升[42]。以往子系统间通常是各自独立运行的，而且彼此之间并不具备较为密切的联系，属于各自为政的状态，利用系统耦合就能够打破这一局面，最终确保形成联系密切的统一

① 王福涛．集聚耦合——创新集群发展动力机制[M]．武汉：中国地质大学出版社，2011．

体。除此之外，系统运行机制耦合及结构耦合可创造全新技能，最终使系统综合效果达到最佳[43]。李艳、曾珍香、武优西、李艳双表示，处在高水平耦合阶段的系统在自身运行中会达到良性共振的状态，在结构的完善和建设上将朝着更为有序的方向发展，系统运行效率将得到显著提升[44]。

1.2.2 高技术相关概念界定

中国国内高技术产业发展迅速，成为中国经济增长的新支撑点，同时改变着经济发展质量的内涵，成为当前转型升级和生产力发展的重要推动力。高技术产业发展有其鲜明特征，只有了解其内涵才能更好地对其进行深入探析。

1.2.2.1 高技术概念的界定

对高技术相关概念的界定，理论界始终没有形成统一的看法。主要核心集中在以下问题上：首先是对有关"高技术"内涵的理解，其次是对"高技术产业"概念的确认。就本章内容而言，重点就是围绕上述概念展开详细探讨，并对二者的内涵、外延做出确认。

对于"高技术"这一术语，有谓之高新技术，也有称为高科技，中国的研究者对此有多种不同的定义①。对这一概念进行明确表述的专著可追溯至 1983 年，具体内容来自美国 *9,000 Words: A Supplement to Webster's Third New Internation Dictionary*。随后各国经济学界学

① 来源于英文 High Technology，后期简写为 High-Tech，主要包括高科技和高技术等。

者在“高技术”含义的界定中都突出了知识与技术在产品中所占的比重，并对相应的行业进行了圈定。根据中国现实发展状况，国家科技成果办公室提出，所谓“高技术”即走在当前科学技术发展前列且推动科研持续发展的新技术群，此类技术对生产力、社会文明乃至国家实力起到了极为明显的促进作用，是当前科技发展趋势的重要体现。因此高技术可以理解为在某一固定时段内发展水平较为突出，同时能够代表该时期科技最高水准，而且是能够弥补传统技术缺陷与空白的技术类型[45]。此类技术拥有创新性、时效性等多方面的显著特点，可对传统技术带来较大影响，同时能有效带动相关行业技术不断向前发展[46]。纵观世界各国的研究成果，显然不能将高技术纳入单项技术的范畴，而应确认为始终走在科学、技术发展前列的技术群组[47]。此群体中的各组成部分彼此之间构建了较为密切的联系，达到互相补充和共同促进的目的。当然，高技术从定义上看并非一成不变，不管是这一概念的内涵还是外延都具备较为显著的时效特征，并且一直位于科技发展的最前端。时代的发展导致各类新技术层出不穷，而这些都使高技术这一概念的内涵不断扩大。截至目前，学术界始终没有在这一概念上取得固定且较为统一的认识。全球针对高技术的内涵界定不一，其分类也多种多样[48]。鉴于明确研究对象的需要，本书认可《国家高新技术产业开发区高新技术企业认定条件和办法》中的相关内容，并作为参照对“高技术”这一概念做出明确界定，其具体范围囊括了电子信息技术、材料科学以及新材料技术、生态环保技术、生物工程技术、空间科学和航空航天技术、医药科学和生物医学工程技术、精细化工、新能源科学技术、海洋工程技术。

1.2.2.2 高技术产业概念界定

美国学者 R. Nelson 最先提出了高技术产业的概念，表示高技术产业隶属于知识密集型产业，其主要标志首先是需要大规模的资金投放，其次是技术革新与进步的速度较快，其投资风险等级和收益回报率高，产品更新换代频率和产业增长速度较快，高技术产业发展中常呈现出知识穿插的特点[49]，在行业带动性上有较为突出的表现，从产业地位角度来看，通常其战略价值突出。可以看出美国学者最初对这一产业性质的界定主要是从经济视角做出的阐释。

国外界定高技术产业通常采用主观判定、研发比例法等方法。就国内而言，理论学界对这一概念所做的分析和理论探讨较为鲜见。但中国有关部门通过比较分析国内和国外的产业发展情况、特点，在2002年下发了《高技术产业统计分类目录》①，明确了高技术产业这一概念，即用当代高尖端技术生产高技术产品的产业[50]，并界定高技术产业具有下列特征：一是产业科技研发的费用投入在整体销售总额中的比重高；二是参与研发的技术性人才在员工中的数量比例大[51]。

最终以经济合作与发展组织(OECD)的相关定义为参照，对该产业的主要范围做出说明，其重点涵盖了医药制造，航空、航天器及设备制造，电子通信设备制造，计算机及办公设备制造，医疗仪器设备及仪器仪表制造，信息化学品制造等行业类别。

为了更好地理解高技术产业的内涵，本书接下来对高技术产业的基础单位——高技术企业进一步予以说明。中国科技部、财政部等部

① 初期目录只统计工业，暂不包括公共软件服务。

门在2008年出台了《高新技术企业认定管理办法》，对高技术企业的研究范围做出说明，同时确定国家重点支持的高技术领域，主要支持基于企业自主知识产权并展开运营的企业，要求其注册地必须在中国境内（不含港、澳、台地区），注册时间需要超过一年，同时强调重点关注研发和创新的能力，简单加工及机械生产不包括在内[52]。同时，科技部出台了《国家高新技术产业开发区高新技术企业认定条件和办法》，对高技术企业的划分提出操作性规则，要求企业申请认定为高技术企业需要具备下列条件：员工学历水平达到大专以上的比例超过30%及相关科研技术人才的员工数量比例达到10%以上的水平；研发投入需要超过企业总销售额的5%的水平；高技术产品销售收入及技术性劳务收入比例必须要超过企业综合收入的一半[53]。根据上述条件，国内的高技术企业不仅包括直接创造高技术的企业，在运营中应用高技术的企业也归入这一范畴。高技术企业与中国传统企业存在较大差异，其产品无论是创造性还是在技术水平上都有较为突出的体现，市场占有率增长速度极为迅猛，增长率通常维持在20%至50%的水平，高技术企业产品的技术含量和附加值较为突出，员工中技术类人才比重较大[54]。虽然企业经营风险和财务风险较高，但在国际国内市场中竞争力较强。综上，有关高技术企业的判定依然需要遵循以下几条公认的国际准则：首先是研究与开发（R&D）的比例，即用于研究与开发部分的消耗在产品销售总额中所占据的比例要达到一定标准；其次是在企业人才结构中科技类人才的占比水平要达到一定标准；最后是企业生产中所使用的主导地位技术必须是属于突破性技术范畴，或者其技术要处在科技领域的前端位置[55]。不过需要注意的是，对于第一条标准，不但要结合财务报告信息披露中所呈现的内容，还要结合报表附注内容对其进行全面评价。通过解读中国的相关文件对于此类企业的认定可以看出，高技术企业其实是集知识与技术为一体的经济实体。

在经济发达国家，高技术产业显然是其核心产业。对于发展中国家而言，高技术产业在促进国家经济发展的道路上发挥着其他产业无可比拟的竞争优势。世界各国未来能否跻身全球经济和技术的强国行列，高技术产业的整体发展就显得尤为关键。故在众多生产力要素中，应始终将科技的振兴与发展放在首位。同理，纵观当前现代产业的发展，应注意要把促进高技术产业发展放在重要的位置，使其能够履行科学技术促进经济持续健康发展的使命，使其在中国经济社会发展中的战略价值得到充分彰显。

1.2.2.3 高技术产业概念的拓展

需要说明的是，"高技术产业"的内涵是不断变化的，随着时间的推移与经济的发展，其内涵也会越来越丰富。分析高技术产业所具备的特征，可以对高技术产业的内涵有更深入的理解。

其一，相较于其他产业，高技术产业在研发方面需要投入大量的资源①。这主要是因为：第一，此类产业多数涉猎前沿技术，以科技创新为发展目标，研究中所涉及的学科交叉复杂，研发难度大，需要多种学科的专家共同合作，进行创造性的劳动才可以完成，人力资源成本较高。第二，由于研发属于创造性工作，在开展过程中会遇到诸多不

---

① 由美国学者纳尔逊(Nelson)提出，原文为"所谓高技术产业，是指那些投入大量研究与开发资金，以及迅速的技术进步为标志的产业"。

确定因素，研究失败的概率较高，且需要不断地投入人力、物力来调整、优化方案，从而保障研发获得成功。第三，产业发展过程中，其基础单位实施研发以及生产进程中会使用到大量的科学设备，由于是用于技术创新，对设备的精密性、灵敏性或其他方面都有着较高要求，故此类设备获取的成本也较高。

其二，高技术产业所提供的产品科技含量高，对产业经济效益增长有强大的推动力，但是该类产业也面临着较大的经营风险和财务风险。此类产业属于典型的技术密集型产业，由于高技术产品具有创新性等特点，高技术产品的科技含量高，可以优化改善用户的工作、生活效率，满足市场上客户的日趋个性化的需求，故投入市场所获得的收益也比较理想。但是由于其具有的前沿性、创新性、不确定性，产业经营风险与财务风险都较高。据统计，美国高技术产业中发展成功的高技术企业只有 20％左右，约有 60％受挫后艰难生存，约有 20％倒闭破产[56]。

其三，产业的投资方向以及成本构成明显不同于其他传统产业。就成本构成来讲，高技术产业发展的成本主要集中在高技术的研究、开发、调试、应用等环节[57]，其中研发高技术所投入的资金或资源在整个产业发展全过程中占有相当高的比例。成本构成中还凸显出人力资源成本，即高技术研发人员的薪酬费用较高，以及风险控制成本也较高。

其四，此类产业对提升国家的科技实力、经济实力可以做出重要贡献，能够在很大程度上改善居民的生活、学习、工作方式[58]。高技术产业作为创新经济的重要载体，其战略性意义明显，这不仅仅是因为其发展可以为自身产业创造较大的价值，更为重要的是可以为其他产业的发展注入新技术，带动相关产业的共同发展。

其五，高技术产业内部发展新陈代谢较快。高技术产品更新换代频率高、速度快。高技术产品投放市场后，产品的更新是异常快速的，通常很快就会被新产品所取代，所以产业整体运转相比传统产业节奏更快，竞争更为激烈[59]。

1.2.3 金融供给侧改革内涵与产生背景

金融是现代市场经济的核心，金融有效供给是促进国民经济和社会发展的关键环节。2016 年 1 月，中共中央总书记、中央财经领导小组组长习近平在中央财经领导小组第十二次会议中提出供给侧结构性改革。同年 2 月，中国人民银行等八部委联合印发了《关于金融支持工业稳增长调结构增效益的若干意见》，进一步强调要“加快金融供给侧结构性改革”[60]。2017 年 6 月，清华全球金融论坛举行《中国金融政策报告(2017)》发布会，报告分析了新常态与供给侧结构性改革，建议加快金融业供给侧改革，建立中国现代金融体系。

根据经济学的供给理论，金融供给主要指金融机构为实体经济和个人金融消费者提供金融产品或金融服务，满足或引导上述供给对象的金融需求，支持其发展、提高的过程。国内金融资源供给机构主要包括政府、银行、证券市场、风投机构等[61]。“十三五”期间，金融业首要任务是推进金融供给侧改革，提高金融服务实体经济的效率。金融供给侧结构性改革应聚焦促进实体经济发展，直面当前金融供给成本高、效率低、有效供给不足等问题[62]，政府、银行、证券市场等金融供给机构都应遵循创新发展的原则，发挥各自作用并形成合力，创新金融供给产品和服务，从而提升金融供给的能力和效率①，更好地发挥支持实体经济发展的功用。本书的实体经济研究对象主要针对高技术产业。

1.3 应用研究综述

文献综述第二部分内容主要是在理论梳理的基础上对研究主体之间的关系及相关实践研究综述进行梳理。

1.3.1 金融供给对高技术产业发展作用研究

国外创新理论学者约瑟夫·熊彼特(Schumpeter)提出金融对技术创新产业有巨大的支持作用，主要体现在金融供给是技术产业发展资金的重要来源，因此，从根本上说，金融供给支持和技术创新产业发展之间有着直接的正向关系。他指出，创新和技术发展是经济保持持续发展的动力，金融应该为其提供资金等支持，推动技术创新产业发展，这对于一国经济增长有着重要的意义[63]。约翰·希克斯(Hicks)选择了英国市场作为研究对象，在细致深入地进行研究之后，他指出，科技产业推动着整个工业化的发展，在这个过程中，科技创新需要大量的长期资本的支持。由于英国金融市场的发展水平较高，技术研发企业能够通过资本市场进行融资活动，如发行股票和债券等，从而获得发展所需的长期资本，为英国的科技产业化发展提供了基础保

① 人民银行、工业和信息化部、银监会、证监会、保监会联合印发的《关于金融支持制造强国建设的指导意见》(银发〔2017〕58 号)。

障[64]。杰拉德(Gerard)指出,开发性金融机构能够从众多的投资对象当中选择出具有发展潜力的技术创新企业,从而进行投资,以获得较高的投资收益,进而促进科技产业的发展[65]。金(King)、莱文(Levine)在1993年将研究视角聚焦在技术企业的评估方面,试图通过该途径为金融业提供一个有效的具有创新能力的技术企业,从而为其提供信贷资金,通过科学评估的方式,最大限度地确保金融供给资金的安全并促成技术企业的发展[66]。亚历山德拉(Alessandra)、路易吉(Luigi)对全球经济数据进行了分析,这些数据既有来自发达国家的,也有来自发展中国家的,研究结果显示,无论在哪个国家的市场上,高技术产业发展都与金融发展有着密不可分的关系,主要表现在后者通过提供资金支持,有力地推动了技术研发创新,从而促进了高技术产业的发展[67-68]。

此外,还有大量国内外学者的研究主要从金融供给结构角度探讨了金融供给对高技术产业发展的巨大作用。1991年,学者莱文(Levine)认为市场主导型的金融结构对技术产业发展有着显著的积极作用。他认为自由竞争体制下的金融资本市场已经建立起完善的风险分散机制[69],所以,市场主导型的金融供给结构对技术研发创新风险的分散效率更高,能更好地推动技术创新产业的发展,从而促进经济增长[70]。诸多学者也对此观点表示赞同,认为市场主导型金融供给结构能够提升高技术发展的专业化水平,促进高技术产业发展。特别指出,市场主导型的金融供给体系在较低的经济发展水平国家具有更加明显的积极作用[71]。孙伍琴、王培在2013年的研究中将市场主导型金融供给体系特点进行了归纳、对比研究,认为其能有效地为技术创新产业提供发展所需的长期资金支持,具有强大的推动技术产业发展的作用[72]。马丁森(Martinsson) 2010 年的研究对象是欧洲部分国家的高新技术企业，通过对这些企业进行实地的调查和数据采集，从而得出市场主导型金融供给结构对高技术产业发展更有作用的研究结论[73]。另外，戈德史密斯(Goldsmith)通过对银行主导型金融结构的研究，认为银行等金融机构在金融供给服务过程中存在着信息不对称的问题，从而埋下风险隐患，而银行能够有效地化解该问题，从而和高技术企业保持着长期的合作关系，给予高技术企业以资金支持[74]。除此之外，还有学者认为在不同的市场，不同的金融供给结构对于高技术产业发展发挥的作用不同。塔德塞(Tadesse)选择了全球 36 个国家作为研究对象，采用的数据集中在 1980—1985 年之间。在经过纵向和横向的对比研究分析之后，他认为市场导向型金融结构适合发达国家中高技术产业发展的需要[75]，银行主导型金融结构适合发展水平较低的国家中高技术产业发展的要求[76]。艾伦(Allen)、葛尔(Gale)的研究显示，金融结构的类型不同使得其在处于不同发展阶段的高技术产业中发挥的作用也有所侧重：市场主导型金融供给结构在高技术产业发展的初期作用较大，能够为其研发提供支持；而银行主导型金融供给结构在高技术产业发展的后期作用较大，能够为创新出来的技术提供传播支持[77]。莱文(Levine)认为，技术创新产业的发展需要完善的金融供给体系的支持，单独采用某种金融供给方式都是不完善的[78]。中国经济学家林毅夫认为，应具体看待企业的性质和自身的条件，才能确定采用何种融资方式，从而选择不同的金融结构[79]。一个合理的金融结构不应只具有单一的功能，而是能够兼顾企业的各种需求，从而实现资源合理配置的最优化[80]。林志帆等在其研究中构建了一个比较框架，对以下三项内容进行了比较和分析：

风险控制、信息处理以及公司治理。她认为，在技术产业发展方面，没有证据显示哪种金融结构占据着绝对的优势，要想更好地为技术创新提供支持，就要从两个方面着手：一是构建多元化金融结构，二是提高金融总体供给水平[81]。

1.3.2 高技术产业发展对金融供给侧的促进作用研究

高技术产业发展对金融供给侧的反哺作用亦不容小觑，高技术产业发展带来了更多的高科技产品[82]，金融供给机构运用这些产品，改进自己的服务方式和业务形式，并创新金融产品，从而促进金融供给创新[83]。相关的研究主要集中在以下两个方面：

(1) 金融业务创新方面。金融机构利用高技术产业发展带来的先进信息技术展开金融业务办理，推出更多的新的业务内容。徐(Hsu)在 2012 年研究后指出，当下，金融机构普遍使用信息通信技术对自身的业务进行整合和重组，推动着资本的深化[84]。姚战琪和夏杰长两位学者指出，从以下几个方面体现出高技术产业发展推动着金融创新：首先是高技术产业发展带来金融服务外包，从而改变了金融业的组织结构和生产方式，金融机构不断推出创新型金融工具与服务[85]；其次高技术产业发展带来的互联网技术驱动更多新的金融业务的产业，金融市场竞争的加剧，促使金融机构不断创新[86]。学者王伟智等在 2007 年的研究着眼点是高技术产业发展兴起的电子商务，在这样的背景下，电子商务促使金融机构进行创新是必然的趋势，尤其是证券业。他通过对中国当下证券业电子商务现状的分析，对行业存在的不足进行研究，提出金融供给中证券业要想获得良好的发展，必须依赖完善的电子支付体系[87-88]。

(2) 金融产品创新方面。高技术产业发展所带来的最先进的技术可以促使金融供给侧设计全新的金融产品,使金融供给风险控制更加有效,并提升自身的收益[89]。唐智鑫和管勇等学者对银行使用物联网技术的情况进行了分析,并对后者在金融供给产品创新方面的作用进行研究,指出物联网技术为中国银行业改革提供有益的帮助,从而促进中国金融供给产品的研发[90]。彭风和马光悌对证券行业使用信息技术的问题展开研究,他们认为,当下证券行业广泛使用信息技术,更多的高新科技带来了更多新的证券产品[91]。

1.3.3 高技术产业发展与金融供给侧双向联系研究

另外一些学者致力于探讨高技术产业与金融供给侧两者的共生互促关系,认为科技产业的发展和金融供给侧之间并非只是单向的作用,而是相互促进、共同发展的关系[92]。持有这类观点的学者如孟宪昌,其 2003 年的研究关注点是金融风险投资,通过对金融风险投资与高新技术企业发展之间的关系分析,指出两者存在着相互促进、共同成长的关系[93]。杨青和彭金鑫为了更好地探讨风险投资额和高技术产业产值之间的关系,以生态共生理论为指导思想,构建了两者的共生度模型,从而提出了该共生模式的评判标准[94]。该项研究主要通过实证方式进行,结果表明,中国创业风险投资与高新技术产业发展之间会经历三个阶段:第一阶段是已经过去的寄生阶段,第二阶段是当下的非对称互惠共生阶段,第三个阶段是未来的对称互惠共生阶段[95]。马莱茨基(Malecki)、理查德(Richard)在 2012 年对高新技术企业的股票价格变化进行研究,研究主要关注高技术企业在技术创新上的投入和获得的专利对股票价格的影响[96]。研究结果显示,这类企业的研发投入资金量越高，获得的专利项目越多，其证券市场中股票价格越高，两者的互助效果越明显[97]。

1.3.4 供给侧改革实践综述

在供给侧改革的实践操作中，有一项不可忽视的实践改革——里根经济学的应用。该学派基于马克思主义社会再生产理论的供给侧结构性改革分析，建议在全美国尽快推进国家经济变革的脚步，大力推行包括大幅度减税等在内的一系列优惠措施，使企业及市场变得更为积极活跃[98]。根据供给学派提出的理论建议，最终在较短的时间内促使全国供给现状大为改观。上述措施在里根时代发挥了十分明显的作用，美国经济也因此不断复苏和提振[99]。不过由于减税力度较大，导致政府财政赤字始终居高不下[100]。

英国在撒切尔夫人执政时期也以供给经济学为基础展开实践，最终使国内的国有制企业完成私有化转变[101]。这项改革于 1984 年开始启动，在英国造成了极大影响。尽管通过这种方式并没有让资本主义的基本矛盾得以纾解，不过也促使英国的主要宏观经济指标波动率大幅减小[102]。另外在财政政策上，撒切尔夫人与里根总统都选择了大幅度减免税费的举措。在撒切尔夫人的任期内，英国政府各项福利大幅度缩水，将其中节省下来的资金以储备补偿金的形式投入到私有化改革中[103]。可以说，在该阶段，正是供给学派理论的存在和实践对英国整体经济形成了有效刺激，并大大缓解了通货膨胀的压力，后称之为“撒切尔主义”[104]。

20 世纪 90 年代，德国面临产能严重过剩，经济逐步衰退，经济结构出现失衡的严峻形势[105]。德国的改革措施同样是撬动供给侧要素的潜力。具体政策包括针对技术创新、人力资本领域增强资金投放力度，有效控制并削减生产成本，对汇率政策做出调整，刺激出口，不断增强制造业在全球的综合竞争水平[106]。在供给侧优化形式上，德国政府一直将人力资本投资等内容作为核心[107]。由于其产品质量得到了充分改善，再加上出口市场活跃，最终使产能过剩这一难题得以化解[108]。

1.3.5 耦合协调实践研究综述

耦合理论最初主要应用于物理学、机械工程、力学等自然科学领域，但当前其已经被拓展至管理学等各类学科的研究中，甚至在各类交叉性学科的研究中也愈发常见[109]，并取得一系列研究成果。美国学者维克在 1976 年最早用耦合理论解释了学校成员间的耦合关系，将耦合理论运用到社会学中[110]。国外学者奥顿（Orton）等将耦合理论的概念在社会学研究中进行了重构[111]。曾繁清、叶德珠于 2017 年运用耦合协调度模型，测算了中国 1995—2014 年间金融体系与产业结构的耦合关联度与耦合协调度[112]。耦合度结果显示，中国的金融体系与产业结构长期处于较高水平的耦合阶段，金融体系与产业结构有很强的互动关系。吴勇民、王倩于 2016 年研究了技术与现代金融产业部门的有机耦合和协同发展，推动中国互联网金融模式良性和可持续发展[113]。王海军、张英杰针对产业聚集与金融发展之间的动态耦合协调关系问题，构建了动态耦合模型，研究结果证明了东部地区产业聚集与金融发展具有正向耦合协调关系[114]。白彩全、黄芽保等在 2014 年建立了金融集聚生态效率的耦合度模型，通过实证分析对中国不同地区金融集聚和生态效率耦合发展等内容展开了细致探讨[115]。王卉彤、刘靖、雷丹构建了两类产业耦合互动所处阶段评价模型,并在此基础上,提出现阶段科技金融的功能定位[116]。谭蓉娟、刘贻新对技术同金融创新耦合协调度进行观察,认为耦合度曲线簇呈现出平行状态,意味着整体发展保持稳步提升[117]。童藤于 2013 年从耦合视角出发,认为金融创新与科技创新存在“匹配共生、互动协同”的复杂关系,并对两者的耦合协调度进行了计算分析,提出相关政策建议[118]。张莉、阮素梅、许启发的研究实证结果表明,金融业对产业的支持作用强于产业对金融业的促进作用,产业发展离不开金融的支持,也必将带动金融业的进一步发展[119]。王宏起、徐玉莲建立了系统有序度模型,同时以 2001—2010 年这 10 年间中国科技金融发展资料和数据为分析对象,利用实证分析形式对其协同发展做出了细致说明[120]。和瑞亚、张玉喜提取国内 28 个地区的相关资料,重点围绕科技创新和公共系统耦合协调度进行研究,认为其保持着上升趋势,证明中国的科技金融策略初见成效。从国内外文献综述上看,耦合理论在金融聚集与区域经济发展、高技术产业与经济发展、科技创新与金融创新等方面应用广泛[121]。

1.4 文献述评与研究探索方向

现有文献针对高技术产业发展的研究较多,因为当前高技术产业作为创新经济的中坚力量,其发展对于调整中国经济结构具有重要的战略意义,高技术产业发展过程具有比较鲜明的特征,选取高技术产业为研究对象既具时代特色,又具备一定的研究价值。但多数学者研究高技术产业发展时,并未就产业发展的宏观环境如金融供给侧改革做针对性研究,而是较多地针对高技术产业基础单位展开实证分析或仅对产业内部管理展开研究。虽然高技术产业发展效率直接受高技术产业内部发展战略影响,但是金融供给侧对产业资源的配置直接影响到产业内部发展战略能否实施及实施的效果,故金融供给能否精准地支持高技术产业发展是非常关键的问题。现有研究缺乏进一步深入探索针对高技术产业发展的金融供给侧改革策略。

另外,由于研究时域限制,现有文献研究多以过往市场经济条件为背景,未能预估中国当前金融市场条件、经济改革框架并将其纳入其中。但是当前中国处于创新驱动发展、经济结构调整、优化要素配置、提升经济增长质量的供给侧改革的特殊宏观环境下,因此研究中国高技术产业需要结合当下中国情境,结合当下金融供给侧改革等中国特色的条件环境,这样对于指导中国高技术产业发展具有一定的借鉴作用,才能使研究与时俱进。

最后,现有文献从研究视角来看,对高技术产业发展、金融发展作为单独研究主体的成果较多,研究过程中没有把政府、产业、金融机构等主体纳入一个统一的平台之中,忽视了金融供给侧与产业融合的重要作用。现有研究多侧重于金融供给侧对高技术产业发展的单向影响作用,缺乏对金融供给侧与产业发展之间耦合状况的科学整合分析,因而难以最大限度清晰地反映金融供给侧与高技术产业发展两系统的互相影响的关系,即对金融供给侧与高技术产业发展耦合协调发展情况的研究相当匮乏。

综上所述,现有研究已取得了一定成果,以上的文献回顾为本书的研究奠定了理论基础和理论依据,对于客观认识金融供给侧、高技术产业发展以及两者耦合协调状况有一定的指导意义。但同时也应看到，这些研究由于多方面原因仍存在完善空间，如没有结合当下时代情境特征来衡量研究变量，金融供给侧改革没有细致地区分产业，对金融供给侧与高技术产业发展的研究，单向影响关系研究较多，但相互匹配、互为因果关系的研究还是缺乏。

在前述研究分析的基础上，笔者提出本书的探索方向：从金融供给侧、高技术产业等核心概念界定出发，首先运用计量分析初步判定两系统是否存在长期均衡、互为因果的关系。其次在两者关系得到验证的基础上再开展深入研究，深入研究主要从两方面展开：一是理论分析金融供给侧和高技术产业发展的动态演化过程、耦合动力和耦合机制；二是在理论分析后，将金融供给侧与高技术产业发展分别视为两个相互独立、彼此影响而又协同发展的系统，以耦合关联度反映两个系统间的动态关联效应，以此说明金融供给侧与高技术产业发展系统间相互作用程度的强弱，同时引入耦合协调度来衡量两个系统的耦合协调程度，精准评价整个系统协调发展水平的高低。最后提出有效的金融供给侧改革策略，从而为高技术产业发展提供更加精准的金融服务，提升高技术产业发展效率。

1.5 研究内容及框架

1.5.1 研究内容

研究在借鉴国内外学者关于供给主义、金融发展、系统耦合等相关理论探讨的基础上，选取中国高技术产业作为研究对象，具体包括以下几方面内容：第一，明确金融供给侧与高技术产业发展系统互动机理。第二，构建金融供给、高技术产业发展两系统评价指标参量，初步计量检验两者的协整因果关系。第三，在因果关系得到证实的基础上对两系统耦合关系开展深入研究，主要包括三方面，一是对金融供给侧与高技术产业的动态演化过程予以阐述，二是对两系统发展过程中耦合动力系统、耦合机制和耦合规律展开理论分析，三是形成两系统耦合分析模型，具体测量两系统的发展状况和耦合协调度。第四，有针对性地探讨金融供给侧改革，为高技术产业发展实施精准的供给支持。

1.5.2 研究框架

第一章是绪论。该部分主要从以下方面论述：首先介绍研究背景并明确问题的研究意义。随后是文献综述，综述主要包括三方面的内容。第一部分为理论基础梳理，从供给学派供给决定理论、新供给主义理论、系统理论、耦合理论以及金融发展理论等回顾开始，梳理其核心概念及发展轨迹，并对本书研究主体的概念进行界定，具体包括高技术产业的定义、特征和金融供给侧内涵及产生背景，以科学逻辑性为引导，系统性地阐述本书理论基础，发挥其在研究中的基础作用。第二部分为具体研究对象相关学术研究史梳理，分别对高技术产业发展与金融供给侧单向影响关系以及双向互促关系、供给侧改革实践、耦合协调理论应用等进行学术研究回顾，并进行全面翔实的梳理。第三部分为结论部分，研究已有文献，对涉及的主要概念及其他相关研究不足予以分析，以此明确本书的研究方向。绪论最后是构建本书的研究框架，阐述相关研究方法，并界定研究对象具体内容，提出本书的创新之处。

第二章主要明确了高技术产业和金融供给侧两系统发展要素，分析了金融供给侧与金融需求端（高技术产业）的双向互动路径，同时运用内生增长等相关理论和生产函数分析金融供给侧系统与高技术产业发展系统的互动作用机理。

第三章是研究主体作用关系计量检验。本章主要构建了高技术产业发展与金融供给侧系统评价指标，运用熵值对两系统指标参量权重进行计算。在上述理论分析和指标构建工作的基础上运用计量经济学开展初步检验，检验两系统是否存在长期协整、因果互动关系。

第四章是高技术产业发展与金融供给侧动态耦合关系研究。本章主要在两系统因果关系得到初步验证的基础上，从金融供给侧与高技术产业发展的时空维度探讨两系统的动态演变。另外界定了金融供给侧与高技术产业发展的系统耦合的定义与内涵，主要阐述了两系统发展过程中耦合动力系统、耦合机制和耦合规律。

第五章构建耦合模型，开展实证分析。在初步检验和耦合关系深入分析的基础上，具体从系统论的角度构建耦合理论模型，实证研究金融供给侧和高技术产业发展状况以及两系统间的耦合协调度，并对两系统的耦合状态展开分析。

第六章是研究政策建议。主要结合上述实证结果对金融供给侧协同高技术产业发展的主要障碍展开论述，从而在金融供给侧改革任务指引下提出针对性的具体政策建议。其中金融供给侧改革主要从政府、市场、金融机构三个维度展开立体式分析。

第七章是研究结论与展望。该章总结了本研究的重要结论，对金融供给侧和高技术产业发展相关数据分析的结果进行讨论，阐述理论分析和模型运行后的实践启示，思考本书存在的几个研究局限并探索未来研究的努力方向。

本书框架结构图见图 1-1。

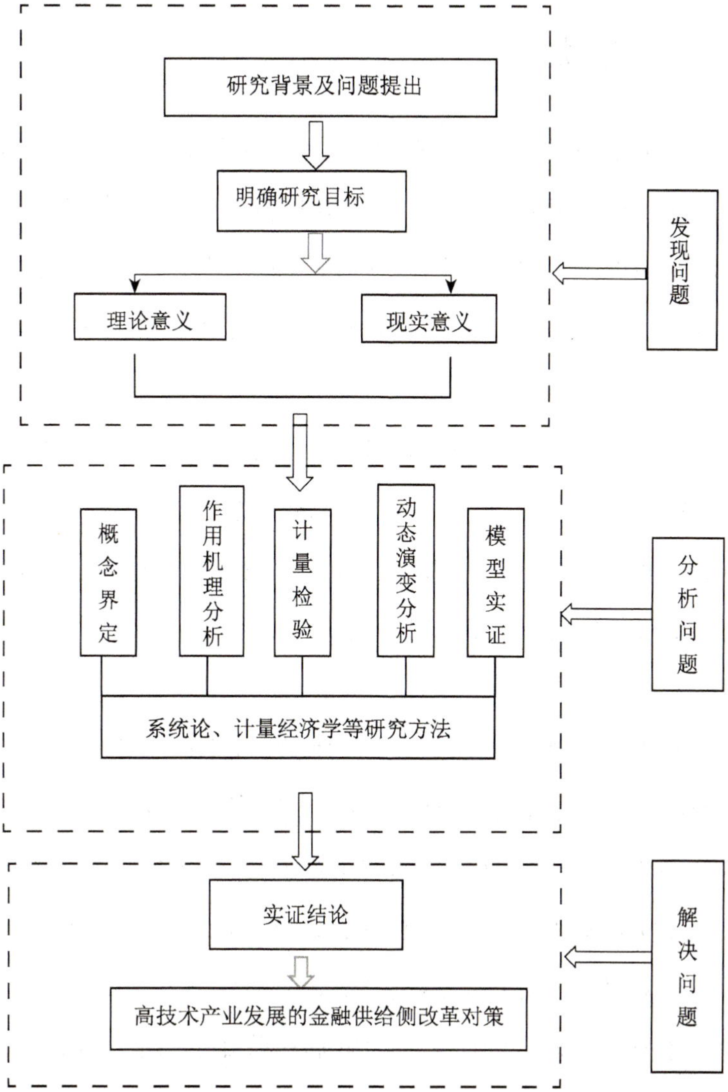

图 1-1　研究框架

1.6 研究方法与技术路线

1.6.1 研究方法

本研究基于经济学、管理学、系统学等学科理论，紧密结合高技术产业和金融供给侧发展的实际情况，开展高技术产业发展、金融供给侧动态演变的论述，并构建模型对两系统耦合协调度之间的逻辑关系进行分析，综合采用多种方法以达到预期的研究目标。具体的研究方法列举如下：

文献分析法。本书主要通过搜集、归纳和综述与金融供给侧、高技术产业发展等的相关文献，全面汇总以往各变量关系的研究成果，夯实本书的研究根基。同时通过大量广泛地查阅国内外计量检验、耦合协调实证等研究方法，分析现有文献的研究不足以及探索本书的研究方向。

规范分析法。本研究在金融供给侧与高技术产业发展耦合度测量结果的基础上，运用规范分析法对耦合状态展开了讨论。同时在两系统耦合协调动力、耦合机制分析的基础上，运用规范分析方法从多个层面解读实证结果，并对金融供给侧改革的方向和具体措施从政府、市场、金融机构三方面立体式提出政策建议。

计量经济学分析研究法。本研究通过收集、挖掘大量高技术产业发展经济数据和金融系统供给侧数据，初步对相关变量关系开展计量分析。主要是导入相关变量数据，检验高技术产业发展和金融供给侧之间是否存在协整关系和因果关系，从而为后期具体的理论分析和实证研究奠定基础。

系统论相关研究方法。本书借助物理学概念，运用系统论、协同论相关原理阐述高技术产业发展与金融供给侧两系统的结构与功能，通过熵值计算两系统指标参量权重，运用耦合模型对金融供给侧与高技术产业发展系统之间彼此关系的影响程度予以量化并分析，以提升研究的科学性和准确性。

归纳、演绎研究方法。通过对金融供给现状的梳理归纳，分析在高技术产业发展过程中与金融供给优质耦合的障碍。同时探讨金融供给与高技术产业发展在时间、空间的动态演变，耦合动力以及耦合机制，使得文章耦合协调研究更为具体和细致。

1.6.2 研究技术路线

首先，通过论述研究背景与研究意义，引出高技术产业发展、金融供给侧两研究主体以及两系统相互作用、相互影响的研究主题，之后梳理两个方面内容：一是金融发展、新供给主义、耦合和系统等相关理论，并对高技术产业发展、金融供给侧相关核心概念进行界定；二是相关研究变量之间的影响关系和相关理论在实践领域的应用，并借鉴前期相关研究成果，确定本书的研究路径。

其次，分析问题，共分为三个主要组成部分：一是明确高技术产业和金融供给侧两系统发展要素，剖析金融供给侧与金融需求端（高技术产业）的双向互动机制和作用机理；二是对高技术产业发展和金融供给侧两系统的相互作用采用计量经济学进行检验，证明两系统存在长期均衡、互为因果的关系；三是理论分析两系统动态演化过程，以及两系统发展过程中的耦合动力系统、耦合机制和耦合规律，并进一步借助耦合模型量化两系统的耦合协调关系，在耦合推演结论的基础上，深入论述两系统的发展状况，同时对实证结果进行讨论，提炼出本书的最终研究结论。

最后，结合理论分析和实证模型运行结果，阐述本书的实践启示，结合实证结果对金融供给侧协同高技术产业发展的主要障碍展开论述，从而提出金融供给侧改革目标和具体政策建议。其中金融供给侧主要从政府、市场、金融机构三个维度展开立体式分析，从而实现金融资源对高技术产业发展的优质高效率供给。书末指出本书存在的几个研究局限以及未来研究的努力方向。

本书技术路线图见图 1-2。

1.7 主要创新点

第一，研究角度新颖，协同考虑了金融供给侧与金融需求端两个方面，剖析金融供给侧与金融需求端（高技术产业）的双向互动机制。区别于以往对研究主体的单向作用进行研究，从而忽略了高技术产业发展与金融供给其实是共生、协同、聚合的相互作用，本书进行了更为全面的考虑，运用内生增长等相关理论和生产函数明确了金融供给侧系统与高技术产业发展系统的互动机理。在阐述了金融供给侧对高技术产业的支持作用外，还详细论述了高技术产业对金融供给侧的反哺作用及对金融供给侧改革的引领作用，同时运用计量分析检验两系统存在着长期均衡、互为因果的关系。

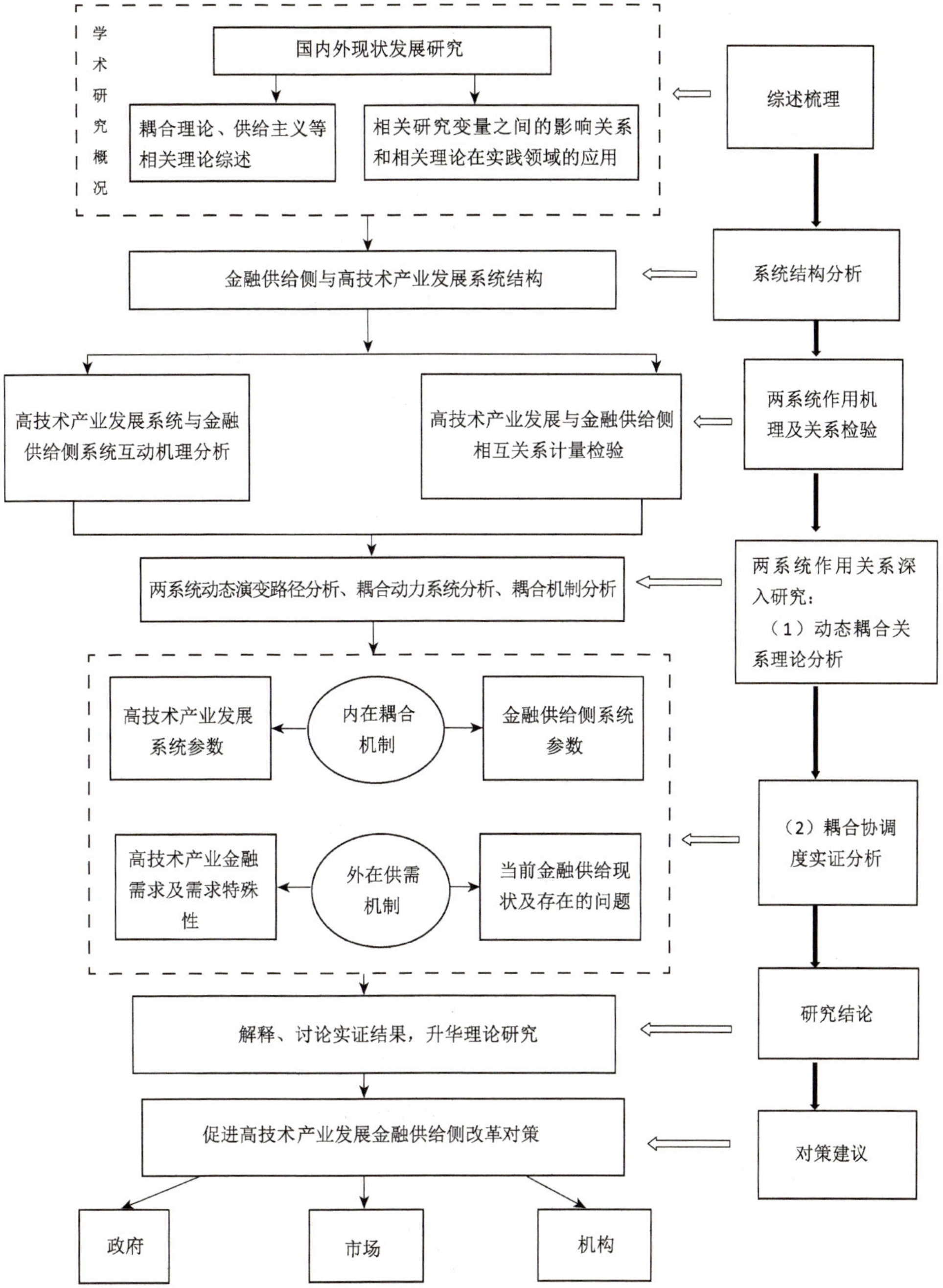
学术研究概况
国内外现状发展研究
耦合理论、供给主义等相关理论综述
相关研究变量之间的影响关系和相关理论在实践领域的应用
综述梳理
金融供给侧与高技术产业发展系统结构
系统结构分析
高技术产业发展系统与金融供给侧系统互动机理分析
高技术产业发展与金融供给侧相互关系计量检验
两系统作用机理及关系检验
两系统动态演变路径分析、耦合动力系统分析、耦合机制分析
两系统作用关系深入研究：
（1）动态耦合关系理论分析
高技术产业发展系统参数
内在耦合机制
金融供给侧系统参数
高技术产业金融需求及需求特殊性
外在供需机制
当前金融供给现状及存在的问题
（2）耦合协调度实证分析
解释、讨论实证结果，升华理论研究
研究结论
促进高技术产业发展金融供给侧改革对策
对策建议
政府
市场
机构

图 1-2 研究技术路线图

第二，本研究厘清了金融供给侧与高技术产业发展两系统动态耦合发展的轨迹。通过对金融供给侧与高技术产业发展两系统在时间、空间两个维度的动态演变进行系统的论述，厘清了两系统的动态演变轨迹，为金融供给侧改革、高技术产业发展提供了新的研究分析视角。同时研究进一步明晰了高技术产业发展与金融供给侧两系统的耦合机制。主要通过高技术产业发展与金融供给侧两系统供给函数、需求函数的移动平衡以及子系统序参量的相互作用等阐释了两系统的耦合机制，并对耦合动力系统和耦合规律展开了论述。

第三，本研究方法采用了计量检验和系统建模的交互分析模式。本书运用信息熵对系统参量权重进行计算，并通过计量经济学对金融供给侧与高技术产业发展两系统关系进行了检验，在两系统互为因果、长期均衡关系得到验证的基础上，构建了高技术产业发展与金融供给侧两系统耦合模型。对两系统关系进一步通过耦合模型进行了精确研究，量化探讨两系统发展状况和耦合协调度，通过计量检验和耦合模型的交互分析，使得定量研究循序渐进，为高技术产业发展与金融供给侧改革研究提供不同层次的支撑证据。研究体系涉及多学科交叉融合，本书引入了系统、协同、耦合、熵等物理学概念以及管理学中高技术产业管理、供给侧改革等相关内容，运用物理学和经济学开展定量研究，运用管理学着力于定性研究，合力探讨使得研究结论更为科学严谨。同时定性研究聚焦金融供给侧，提出了针对高技术产业发展的改革对策。目前学术界对高技术产业发展的研究多是从高技术产业内部结构、治理等角度展开分析，或者从微观角度对高技术企业的相关数据展开分析，缺乏对高技术产业所处的外部金融市场环境方面的考虑。而金融供给侧的发展对高技术产业影响巨大，其直接关系到高技术产业发展的资源配置和选择，故本研究聚焦高技术产业发展过程中金融供给侧改革大环境因素，同时改善了以往研究中直接运用相关金融市场环境指数的研究方法，采用熵值赋权对金融供给侧发展状况展开量化分析，为助力高技术产业发展的金融供给侧改革研究做出新贡献。同时研究对象范围限定为高技术产业，针对高技术产业收集数据、展开分析，指向性更强。同时，本书对于金融供给侧改革提出实用性更强的对策，诸如金融机构应考虑优化双方合作关系，可以谨慎选择合适的高技术企业，在供给金融产品时与其形成实质性结合，以贷款份额入股参与企业经营管理，即改变"朋友交往的恋爱关系"为实质性"结婚关系"，如此作为命运共同体可以降低金融市场运行成本并有利于双方市场价值的提升。

第二章　高技术产业发展与金融供给侧互动作用机理分析

金融供给侧对于高技术产业发展的影响是直接且巨大的，高技术产业发展对于金融供给侧改革发展亦有着明显的正面作用。高技术产业与金融供给侧互动双促才能推进创新经济的深度发展。

2.1　金融供给侧促进高技术产业发展机理

本书在探析金融供给促进高技术产业发展机理过程中，引用内生经济增长相关理论与生产函数，对其进行相关变形处理，从而明晰金融深化凭借投资效应以及资源配置效应来推动高技术产业经济增长的内在机理[122]。假设高技术产业是经济系统中最终产品部门，高技术产业经济总产出能够以资本总存量表示，金融供给侧向最终产品部门提供金融产品与服务。

假定用 Y 来代表高技术产业经济总产出，K 代表高技术产业资本总存量，A 代表金融供给投资效率，在此情况下：

$$Y = AK \tag{2-1}$$

在封闭经济系统中，金融市场在均衡状态时，金融系统社会总储蓄全部转化为总投资，假定储蓄在转化为投资过程中存在金融消耗现象，不可能全部转化为投资，以 S 代表储蓄，以 I 代表投资，以 ϕ 表示金融发展效率，则：

$$I = \phi S \qquad \text{其中，} 0 < \phi < 1 \tag{2-2}$$

以 δ 代表资本折旧率，以 $\dot{k}$ 代表资本积累水平，以 y 代表产出水平，以 c 代表消费水平，则高技术产业资本积累函数为：

$$\dot{k} = \phi(y - c - \delta k) \tag{2-3}$$

储蓄等于收入与消费的差额，消费效用函数表示为：

$$U = \int_0^{\infty} \frac{c^{1-\varepsilon} - 1}{1 - \varepsilon} \mathrm{e}^{-\rho t} \,\mathrm{d}t \tag{2-4}$$

其中，c 表示消费水平，ε 表示跨期替代弹性的倒数，ρ 表示正消费贴现率。

根据上述分析，高技术产业初始资本存量为 K_0，建立如下函数：

$$\begin{cases} \max U = \int_0^{\infty} \frac{c^{1-\varepsilon} - 1}{1 - \varepsilon} \mathrm{e}^{-\rho t} \,\mathrm{d}t \\ \text{s. t. } \dot{k} = \phi(Ak^{a} - \delta k - c) \\ \dot{k} \geq 0,\ k(0) = k_0 \end{cases} \tag{2-5}$$

为求解式(2-5)，基于古典变分法，建立 Hamiltonian 函数：

$$H = \frac{c^{1-\varepsilon} - 1}{1 - \varepsilon} + \lambda\phi(Ak^{a} - \delta k - c) \tag{2-6}$$

其中，λ 为 Hamiltonian 乘子。

对变量 c 和变量 k 分别求偏导数可以得到：

$$\begin{cases} \dfrac{\partial H}{\partial c} = c^{-\varepsilon} - \lambda\phi = 0 \Rightarrow c^{-\varepsilon} = \lambda\phi \\ \dfrac{\partial H}{\partial k} = \rho\lambda - \dot{\lambda} = \lambda\phi(\alpha A k^{\alpha-1} - \delta) \end{cases} \tag{2-7}$$

假定高技术产业经济系统为均衡增长，即经济增长率与消费增长率相等，则：

$$g = g_y = g_c = \frac{\dot{c}}{c} = \frac{1}{\varepsilon}[\phi(\alpha A k^{\alpha-1} - \delta) - \rho] \tag{2-8}$$

其中，g 表示高技术产业系统经济增长率，g_y 表示经济增长率，g_c 表示消费增长率。

由式(2-8)可知，高技术产业经济增长率可以表示为以金融发展效率 ϕ 为变量的函数，对其求导：

$$\partial g_y \ / \ \partial\phi = \alpha A k^{\alpha-1} \ / \ \varepsilon > 0 \tag{2-9}$$

由以上分析可知金融供给侧发展效率与高技术产业经济增长呈现正相关关系，即金融供给侧发展推动着高技术产业的经济增长。金融供给侧推动高技术产业经济发展的进程呈现投资效应以及资源配置效应，即解决高技术产业发展中融资约束问题，促进其物质资本以及人力资本的积累，技术创新能力提升从而推动高技术产业发展。具体来讲，全球市场经济中，高技术产业的竞争更倾向于企业技术研发、创新等“硬实力”之间的较量[123]。金融供给为高技术产业硬实力发展提供了必要的资金等资源支持。作为高技术产业中的基础个体，高技术企业发展从研发到成果转化的每个阶段都需要金融的流动性供给、金融资源配置以及金融供给工具、业务的创新。比较重要的几个阶段如下：首先高技术企业发展不可或缺的是研发阶段，此阶段是高技术企业起步阶段，初期投入较高，资金风险较大，未来收益最不稳定，金融资源如果未能及时供给，高技术企业必夭折于此。此阶段金融供给对于高技术企业落地顺利成长具有重要的意义[124]。第二个阶段属于成果转化初期，在产品转化阶段，由于产品应用市场前景并不明朗，金融供给必须继续助力，否则高技术企业收益尚未出现，前期投资又将成为沉没成本，从而产生极大的损失。第三阶段属于产业化阶段，在此阶段产品的市场前景与预期收益比较清楚，金融供给高技术产业的渠道和模式逐渐丰富，市场金融供给逐步取代政策性金融供给。在高技术发展过程中，清晰地显示金融供给对高技术产业发展的支持作用。

一是政策性金融供给发挥对高技术产业发展的基础支持作用。在当前高技术产业的发展过程中，市场机制在资源配置方面应具有基础性的作用。但是，在市场失灵和信息不对称的情况下，政府仍然发挥着不可替代的作用。比如，转型升级中部分企业属于资本密集型重工业产业，只有基于政府的政策性金融供给，才可以成功转变为技术密集型企业。通过对美国、日本以及韩国的研究，显示无论市场化程度的高低，抑或是高技术产业主管者的差异，在高技术产业发展过程中，均充分发挥了政策性金融供给的作用。

首先，政策性金融供给在很大程度上直接支持高技术产业的发展。在美国，由于一些中小高技术企业获取资金较为困难，政府专门设立了中小企业局，为其进行资金的供应，从而推动其发展[125]。在日本，政府对高技术产业发展采取了以下措施：一是直接补助，二是发放长期低利率贷款。在韩国，政府通过事业、信用担保基金以及创业资金的方法，保证相关高技术产业的融资，政策性金融对高技术产业的直接支持非常明显[126]。

其次，从大方向上对商业性金融形成引导，引导其将资源投放到高技术产业。就市场自身而言，存在逐利性、垄断性、信息不透明等问题。因此凭借市场化运行机制来带动产业的发展必然需要政府发挥导向作用。首先政策性金融投向对商业金融本来就具有指向作用，其次通过制定政策性金融供给制度对市场缺陷进行弥补，比如制定补充机制进行矫正。让商业金融供给机构重点投资政府给予鼓励的高技术产业，推动高技术产业政策、发展规划得以实现，最大化地减少金融资源运转的成本，保证资金实现优化配置，从而使政策性金融与商业性金融供给进行合作，共同支持高技术产业发展。政策性、商业性金融供给两者构成一个相互作用的整体，政策性金融发挥导向作用后，就需要商业性金融的配合，而商业性金融加入高技术产业发展的支持体系后，不仅能够借此提升自身的发展，还能够推动金融供给结构进行调整优化。最终实现金融供给全方位、高效率地支持高技术产业发展的目标。

二是资本市场是高技术产业发展的加速器。金融供给体系的运作主要基于市场经济规则，从而对高技术企业产生优胜劣汰的作用，促使高技术产业内部结构不断调整至平衡。首先，资本市场的充分发展，增加了高技术产业发展的融资途径，使其在融资过程中拥有更多选择权。同时，资本市场的发展对于优化、完善高技术产业结构与高技术产业创新升级均有显著的意义。通常情况下，由于高技术产业发展过程中的研发成败具有不确定性、成果转化伴随风险性等特点，而银行等金融供给机构以放贷资金的安全性为首要原则，故在一定阶段，资本市场，尤其是为中小高技术企业服务的创业板市场对于高技术产业发展作用巨大[127]。在资本市场中，高技术企业产权以股权的形式、企业资产以证券化形式在多个维度流动，使得资源实现最优配置。在美国，对于高技术产业中存在贷款授予不足这一问题，解决办法也是通过资本市场，资本市场对中小高技术企业的滚动投资使其在市场上存活并促成了其快速发展。

另外，风险投资的逐步发展，促成了大量新兴高技术企业不断涌现，从而高技术产业不断壮大发展。凭借风险创业投资，许多高技术企业获益颇丰，得以不断进行创新。究其原因，一是风险投资愿意在风险中追逐高收益，而这一偏好正与高技术产业发展特征相匹配。其二是从事风险投资的投资者通常多为能力极强的企业家，或者是金融家[128]，其有能力发掘具备长期发展价值和发展潜力的高技术企业。在美国，就是由于风险投资相关法律的出台以及税收、担保等体系的保障，“硅谷奇迹”才得以出现。故资本市场是高技术产业发展的加速器。

三是金融供给创新为高技术产业高效发展提供不竭动力。通过对美国、日本、韩国等国家高技术产业发展的金融支持措施的研究，不难发现金融供给产品和服务的不断创新，提高了金融供给资源配置效率，同时，为高技术产业发展提供了不竭动力，进而更好地支持了高技术产业拓展市场、优化升级。金融供给创新业务主要有对高技术产业发展中的设备资产开展融资租赁、实施高技术产业供应链贷款等。基于上述创新方式，金融供给机构可以高效、科学地帮助高技术企业解决金融需求中出现的问题，促使高技术产业加速发展，提升发展绩效。在韩国，由于鼓励金融机构对高技术产业金融资源的供给进行创新，所以高技术产业内兼并、收购业务频繁发生，由此高技术产业规模获得了快速扩展，出现了不少大型跨国高技术企业。在美国，金融供给机构创新也不胜枚举，比如并购融资，主要是为高技术产业发展并购提供科学的融资机制、高效的资本运作、详细专业的财务咨询，全面多角度协助高技术产业的并购业务[129]，正因如此，美国形成了高技术产业规模化发展的模式。故金融供给资源的创新使高技术产业发展更为高效。

2.2 高技术产业促进金融供给侧深化发展与变革机制

2.2.1 高技术产业是技术进步和科技创新的重要承载主体

高技术产业的实质特性是技术知识密集，这正是高技术产业发展能够推动技术进步与创新的关键原因。高技术产业的产出——高科技成果呈现出知识密集、技术性强、市场前瞻性强等特征。高科技成果是基于对当前市场或传统产业进行科学改造或升级利用等方面产出的成果，其拓展了当下人类所掌握知识的边界，持续进行技术进步与创新。高技术产业存在较强的国际合作性，不但需要重视技术自主研发，还需要学习融合发达国家所具备的先进技术，对引进技术实施再创新，通过学习和应用来引发知识扩散、外溢效应，从而推动国家技术的进步和创新。在高技术产业创新发展的背景下，技术和知识会扩散且融合进各个领域里，技术进步带来的各领域生产效率的提高，以及物质资本的积累和更新，能有效弥补物质资本发展呈现的边际报酬递减规律，从而发挥技术效率的边际递增效应。故在推动技术进步和创新方面，高技术产业相比传统产业具有天然的比较优势。

2.2.2 技术进步和科技创新对金融供给侧的传导扩散机制

技术进步和科技创新的一个重要的外部特征体现在知识外溢和技术扩散上，金融供给侧也必然处于外溢的网络影响之中，尤其在大数据、互联网等技术平台的支撑下，技术扩散和知识外溢效应得到了进一步的强化，金融供给侧通过引进和吸收先进技术，扩大其供给规模，优化供给结构并提升供给效率。并且，在技术创新外溢扩散过程中，显性技术更容易外溢，而缄默知识流动性较弱，技术创新的外溢性和渗透性使金融供给侧优化以及供给技术得到完善，供给成本减少，产出效率得到提升。

高技术产业发展所带来的技术提升、更新，成为经济结构变革升级与经济发展的催化剂。同时，高技术产业发展对传统金融供给方式与运作机制提出新的要求，从而促进了金融供给侧的深化发展，并引领当下金融供给侧改革的战略选择[130]。高技术产业发展对金融供给机构的资源管理、数据处理和资金汇聚等传统运作模式产生了强烈的冲击。同时高技术产业发展程度越高，市场对金融需求的规模越大、质量越高，金融供给服务的市场空间越大，金融供给产品与创新会更加丰富，这必然促进金融供给机构业务的发展，推动金融供给侧改革。此外，当前传统金融供给面临重要的战略调整，而高技术产业具有引领新经济运行模式的特点，故其发展必然带动未来金融的发展。同时，高技术产业发展中高技术含量的突出特点毫无疑问为新经济时代金融供给侧改革提供技术保障，金融供给侧的电子化、网络化无不与高科技、新技术息息相关[131]。综上，高技术产业发展助推金融供给改革，提升其服务社会经济的能力，具体来讲有以下几个方面：

2.2.2.1 解决金融供给业务规模化问题

随着经济的繁荣发展，金融供给市场将会面对不断增长的客户数量和不断创新的金融供给产品，金融供给主体的信息存储、传递、处理、分析的数据量将会迅速增长，高技术产业中信息技术的发展可以为金融供给主体提供更稳定、可靠、高效的数据库技术来管理客户信息，金融供给工作人员只需要进行身份的确认和资金数额的确认，大部分工作都可以由计算机处理，人力得到极大的解放，从而保障客户数量的持续性增长。高技术产业中的电子信息技术在满足银行等金融供给机构最基本需求的同时，还能够辅助金融供给机构进行客户归类、同质客户数据的深度挖掘、同类业务的经济模型建立，使金融供给业务呈现规模化发展之势[132]。

2.2.2.2 改变金融供给服务方式，扩大服务范围，激发多元化的金融供给创新

随着信息技术的发展，金融供给主体在其服务范围内构建大型网络服务平台，传统的金融供给服务平台逐渐被替代。当下高技术的发展带领金融供给业走进虚拟化时代，金融供给的所有数据以虚拟的方式存储于金融供给机构的计算机系统中[133]，货币也表现为系统中的虚拟数字。货币呈现出前所未有的流通效率，金融供给资金得以更高效地进入国民经济各产业部门，资金流通效率迅速提高。同时高技术的发展促成金融行业能够广泛推出自助式服务、电子银行、手机银行、无实体金融供给产品等金融服务，使最优质的金融供给服务能够传送

到世界的任何一个角落，客户范围突破地域限制，拓展至世界各地。可以预见，未来随着信息技术的进一步发展，任何客户都可以打破空间和时间的限制，在全球范围内通过随身终端享受金融供给以光速在全世界范围内进行转移和支付。

2.2.2.3　变革了金融供给机构的组织形态，优化组织结构性能

传统金融供给组织机构冗余烦琐，高新技术在金融业的发展和运用，使金融供给机构内部以及各部门之间的直接沟通变成可能。金融供给信息可以在金融供给市场以及金融供给组织内部以高质高效的方式直接传递到每个使用部门和使用客户，减少获取金融供给信息的成本，同时扩大金融供给信息的传递范围，改善金融供给信息不对称的状况[134]，从而增强金融信息供给的效率。沟通交流方式的改变，可以极大地优化内部沟通渠道，减少沟通层级，金融供给方管理层人员的决策能第一时间到达执行层，同时金融供给市场执行过程中遇到的各种问题和信息也能及时反馈给决策层，打破传统结构中的固化环节[135]，从而让金融供给部门的运转更灵活、高效。因此，高技术产业中相关技术的发展使金融供给机构由垂直型层级管理优化为扁平型管理，降低了管理的中间层次，提升了金融供给侧的组织性能。

2.2.2.4　为金融供给侧提供了风控保障

金融供给侧系统规避和防范风险的重要性超过其他任何一个行业。风险管理是金融系统管理的核心，金融供给侧通常按风险收益原则进行经营管理，风险监管不力会带来严重的后果，由美国次贷危机

蔓延造成的国际金融危机主要原因就是缺乏可靠的适时监控风险的预警技术。金融供给侧改革能否成功的重要环节就是风险管理的水平，而高技术产业发展中的人脸、静脉、指纹识别、电子签名、光线传输、无线接入技术的发展为金融供给侧改善、优化了风险控制系统[136]，直接降低了金融供给侧各种风险。大量的电子网络审计技术手段的运用，能随时检测金融供给过程中的数据匹配，使金融供给侧风险管理迈上了崭新的台阶。

2.3 高技术产业系统与金融供给侧系统互动作用路径

2.3.1 高技术产业系统

高技术产业系统属于实体系统，其体系较为庞大且存在动态性，主要包括高技术产业发展经济子系统、高技术产业发展科技子系统以及高技术产业发展管理子系统。由图 2-1 可知，三个子系统相互关联，协调并存。对于高技术产业系统而言，经济子系统、科技子系统以及管理子系统都参与高技术产业经济再生产的过程，以高技术产业微观个体为例，其中经济子系统运行体现在高技术企业发展过程中的资金投入以及产品营销后资金回笼等，而高技术企业的核心生产过程其实就是科技子系统的工作过程，管理子系统运行始终与经济子系统、科技子系统运行相互渗透交叉，科学地展现出要素供给、技术提升、产业发展的运行过程。高技术产业发展各个子系统动态关联并协同演化，子系统间物质、能量以及信息互动传递，呈现出非线性、共生性、聚合性等运行规律。凭借互联机制、动力机制、创新机制以及调控机制，高技术产业发展系统形成了科学高效、良性循环且存在较强普适性的协同运行制度，各个子系统协调发展形成良性运行状态，满足高技术产业发展复杂性以及多样性方面的要求，实现高技术产业整体系统的综合发展目标。高技术产业科技创新成果作为产业发展产出，展现出高技术产业所具备的战略意义，通过管理子系统以及经济子系统的保障与支持，有效地提升高技术产业资源配置效率，从而提升高技术产业发展的经济效益和社会效益。

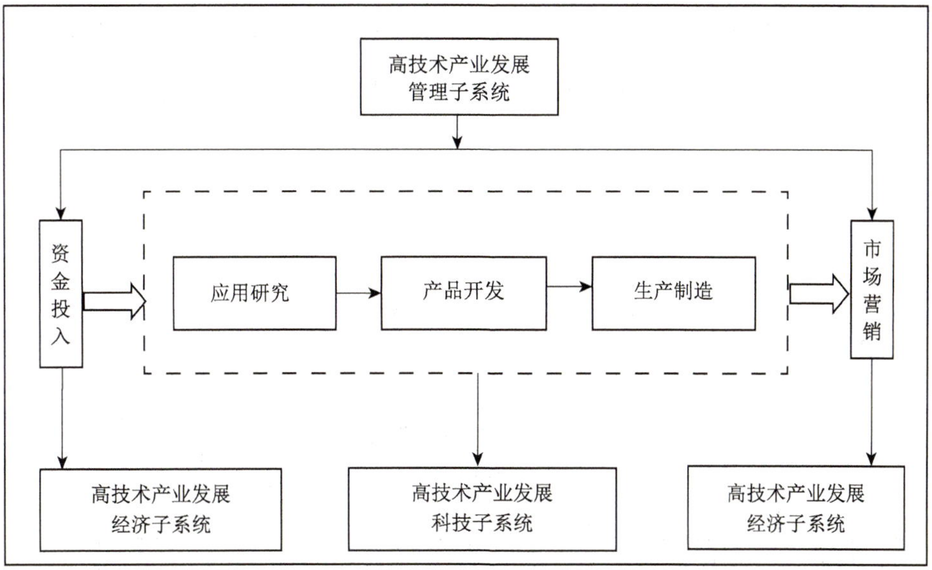

图 2-1　高技术产业系统结构

2.3.2　金融供给侧系统

健全的金融供给系统可以分为政策性金融供给、商业性金融供给、合作性金融供给、开发性金融供给，其中政策性金融供给子系统、商业性金融供给子系统与高技术产业发展关系更为密切，具体见图2-2。政策性金融供给子系统是各级政府、金融监管当局以及政策性金融机构给高技术产业带来的金融资源供给，具体包括财政补贴、税费调整优惠、政策性银行贷款、高技术产业发展专项基金等。商业性金融供给子系统主要指依据市场法则，针对高技术产业发展，引导货币资金等金融资源合理流动而开展的系列金融活动，具体包括商业银行贷款，资本市场上金融资源供给、风投，还包括新型金融供给如互联网金融供给等。针对高技术产业的金融供给主体——政策性与商业性金融供给两个子系统供给模式存在差异，采取的金融供给工具区别也相对较大。金融供给系统的构建与形成过程中，需要相应供

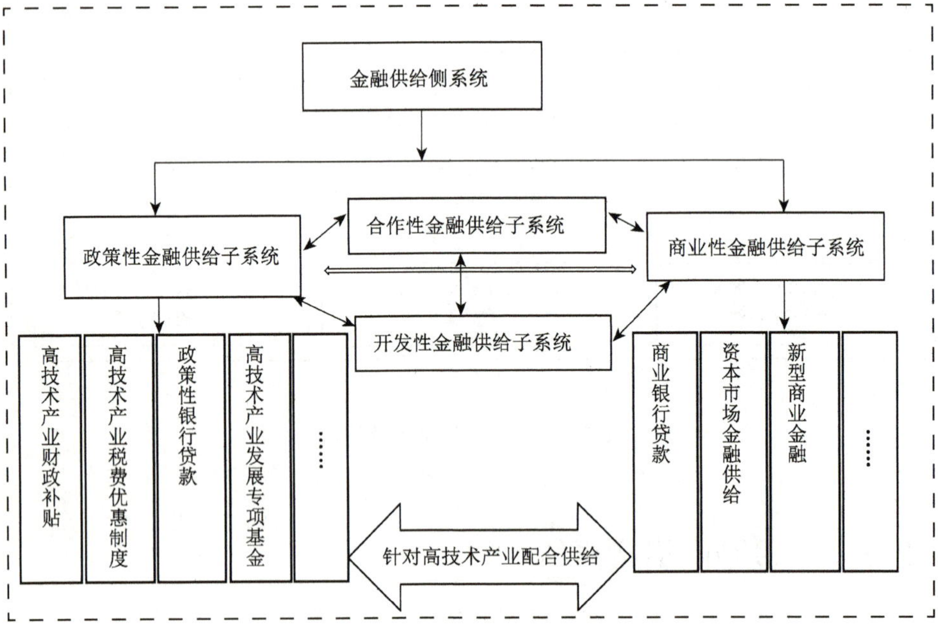

图2-2　金融供给侧系统结构

给主体间的协调与配合，防止出现职能交叉重叠或是缺位的情况，导致不能持续地给予高技术产业发展支持。金融供给系统通过供给资本的形成、金融供给对象的选取、金融供给决策以及金融供给协调四个机制的关联促进与制约，联合形成具有一定规模、结构的科学运行机制以及传导系统，渗透并影响高技术产业发展全过程[137]，促进高技术产业发展过程中的物质资本积累以及人力资本优化，促进高技术产业发展中的技术创新，推动高技术产业的持续发展。

2.3.3　高技术产业系统与金融供给侧系统互动作用路径分析

如图 2-3 展现出金融供给侧系统与高技术产业发展系统互动机制。金融供给侧系统向高技术产业发展提供货币资金、服务等金融资源，其子系统具体分工为政策性金融主要在制度以及组织层面上给高技术产业发展系统带来保障，展现出了金融资源制度供给的关键效果，对市场环境进行优化，运用财政补贴、降低税率等政策工具，对金融资源供给高技术产业发展加以合理引导。商业性金融供给主要为高技术产业发展系统带来有效的金融资源供给平台，使储蓄转换为投资；为高技术产业发展提供信息筛选和评价项目，提供高效的金融服务和其他金融资源供给；以合理的规模和途径予以融资支持，满足高技术产业发展的融资要求，提高技术产业发展的金融可及性[138]。金融资源的供给规模、结构和效率决定了是否能够有效满足高技术产业发展对科技创新性要素的资金需求，进而促进高技术产业发展各要素的增长。金融供给侧系统将金融资源更高效率、低成本地配置到高技

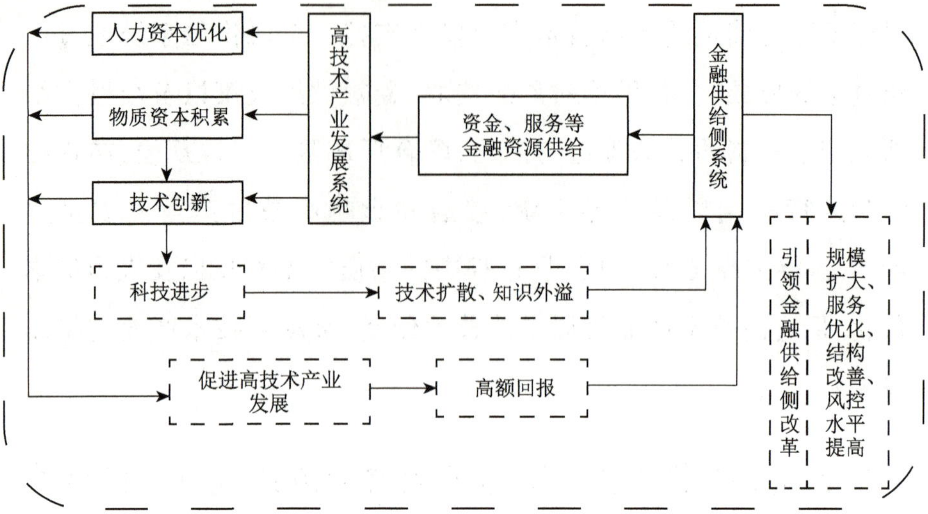

图 2-3　高技术产业发展与金融供给侧互动作用机制

术产业发展领域，带来产业发展过程中优质人力资本积累、物质资本积累以及科学技术自主创新能力的提升，从而合力推动高技术产业发展。在高技术产业持续发展的过程中，高技术产品研发成功，被市场接受后，独创产品的高使用价值又能使产品拥有高市场占有率，产业微观个体能获得高额利润，产业市场效益稳定增长，故给予金融供给侧的投资回报率也相当可观。另一方面，高技术产业鲜明的特点即伴随产业发展必然带来技术的进步，技术的进步又形成知识外溢、技术扩散[139]，比如高技术产业发展中电子信息技术传播的推动效应，引领着金融供给侧改革，使得金融供给侧金融供给业务规模化，改变金融供给服务方式，优化金融供给机构的组织形态，增强的风控保障带来金融供给侧各要素在规模和质量上的整体协调提高，推动金融供给系统得以持续优化，推动金融创新，这就会使得金融供给能力得以增强，以此来反馈、支持高技术产业发展，从而对高技术产业发展给予更全面、更高效的支持。

本章小结

本章首先对高技术产业和金融供给侧两系统结构进行阐述，高技术产业系统主要包括高技术产业发展经济子系统、高技术产业发展科技子系统以及高技术产业发展管理子系统。三个子系统相互关联，协调并存。金融供给系统可以分为政策性金融供给、商业性金融供给、合作性金融供给与开发性金融供给，其中政策性金融供给子系统、商业性金融供给子系统与高技术产业发展关系更为密切。两系统具有一定规模、结构，并借助科学运行机制和传导系统，相互渗透和影响。其次对高技术产业发展系统与金融供给侧互动机制进行相关论述。最后引用内生经济增长相关理论与生产函数明晰金融发展深化凭借投资效应以及资源配置效应来推动高技术产业经济增长的内在机理和作用表现，主要从政策性金融供给、资本市场和金融供给创新三个角度予以论述，同时阐明高技术产业发展促进金融供给侧深化发展与变革机制。高技术产业是技术进步和科技创新的重要承载体，并通过技术进步和科技创新的传导、扩散机制促进金融供给侧发展，主要表现为扩大金融供给的规模，改变金融供给的服务方式，激励多元化的金融供给创新，变革金融供给机构的组织形态，优化组织结构性能，并为金融供给侧提供风险控制保障。本章创新之处在于区别以往单向考虑金融供给侧对高技术产业发展的影响作用，而对两系统双向互动进行了更为全面和深入的考虑，同时在阐述金融供给侧对高技术产业的支持作用外，详细论述了高技术产业对金融供给侧的反哺作用及对金融供给侧改革的引领作用。

第三章　高技术产业系统与金融供给侧系统互动作用检验

前述内容对高技术产业和金融供给侧两系统互动作用机制进行了理论分析，为更好地验证两系统存在互动双促的关系，下面开展计量分析予以进一步深入论证。

3.1　高技术产业系统与金融供给侧系统评价指标体系

研究高技术产业发展和金融供给侧问题，尤其是用计量方法分析两系统时，不可避免地要用其评价指标来量化两系统发展状况，因此构建客观合理的评价指标对于分析金融供给侧与高技术产业发展必不可少。评价指标体系的建立是一个复杂的过程，既要考虑全面性，因为评价指标数量的增多可以提供更多信息，信息的增多有利于科学判断和评价，但也要考虑指标的重要程度、研究的成本和效率。故首先明确指标体系构建的原则，具体如下：

3.1.1 评价指标体系建立原则

为了对金融供给侧和高新技术产业发展水平进行评估，需要建立相应的测度指标体系，以便通过对测度结果的分析发现两系统发展过程中存在的不足，从而采取针对性的解决措施，推动两系统的快速协调发展。另外计量检验和实证分析的质量直接受到指标体系选择的影响，故需要考虑指标选择的内容、程序方面是否合理和科学。这就要求在进行指标选择时注意以下几个基本原则：

第一，科学性原则。客观、准确地反映金融供给侧和高技术产业发展的主要内容和特征，是建立两系统发展水平评价指标体系的基本目标[140]。在此基础上，才能进行实践改革策略的制定和实施。科学性作为金融供给侧和高技术产业发展融合指标选取的根本原则，应做到两系统发展水平的内涵和程度等能够通过指标体系得以真实体现。通过采用科学的方法选取相关指标，对指标的概念、术语、方法等给出明确的阐述，明确指标的使用范围和含义，使得评价结果尽量客观，同时应该主要从权威渠道获取相关指标数据，确保主体数据的准确性和科学性。

第二，一致性和特殊性原则。以国际通用指标为标准即为指标的一致性，要具备中国金融供给侧和高新技术产业发展的特点就是指标的特殊性。同时指标选取应该遵循两系统发展的普遍规律和个体情况，即共性与个性。

第三，价值成本配比与可获得性原则。在选择设计指标时，应本着经济的原则[141]，确保收集、整理数据花费的成本低于该指标本身的价值。同时，还要关注指标数据获取的难度，如经济中有很多指标能够更好地反映金融供给侧与高技术产业发展之间的融合关系，但是指标的可操作性或可获得性较差，数据支撑性不足，这样的指标在选择中应予以舍弃。

第四，相对数和绝对数结合的原则。前者指的是采用相对数展开对比，从而反映出指标间的差异；后者是以绝对数的形式体现出指标的优劣程度[142]。

第五，相对独立性原则。由于系统内部存在着多个衡量指标，这些指标之间往往具有一定的关联性，有的表现为交叉，有的表现为融合，这些关系对测度结果都有着或多或少的影响。因此，要提升测度结果的准确性，就要在选取时关注指标的独立性，尽量降低它们之间的关联度[143]。

第六，有效性和代表性原则。评价指标的设计应在考虑中国国情的基础上对指标的有效性和代表性进行全面的衡量。表征金融供给侧和高技术产业发展的指标有很多，但不同的指标表征程度是不同的，本书在选择两系统评价指标时，应该选择具有代表性的[144]、能够反映高技术产业发展和金融供给侧改革发展规律的核心指标，同时只有依据中国经济发展的实际情况，结合当前两系统的发展背景来合理优化指标体系，才能确保指标具备较高的有效性。

3.1.2 高技术产业系统与金融供给侧系统发展评价指标体系构建

评价指标体系的建立影响计量检验及模型处理的准确度与复杂程度。因此，在构建评价指标体系时需基于上述原则，并考虑现有可取得的研究资料以及中国实际应用的具体情况，同时参考既有文献[145-150]，构建如下金融供给侧与高技术产业发展指标体系：

对于金融供给侧与高技术产业两系统发展状况的考量，各自分别从三个维度方向构建评价指标体系。高技术产业发展系统主要从高技术产业发展投入、高技术产业发展产出和高技术产业发展潜力三个维度[145]方向构建评价指标体系；金融供给侧系统主要从金融供给规模、金融供给结构和金融供给效率三个维度构建评价指标体系[146]。

首先，对于高技术产业发展投入问题，主要从人、财、物三方面予以考虑，即人员投入、固定资产投入和研发支出投入。在不少发达国家，衡量高技术产业发展的一个重要指标就是人才的投入水平。如英国科学顾问阿德里安·史密斯提出的“10 年 10 项计划”，其中重要的一项就是培养出具有技术、创意和技能的人才。美国高技术产业发展年度评价报告、高技术产业发展统计数据等都包括了高技术产业人力资源情况、人员投入情况的考核统计。同时开展科技创新需要大量的资产尤其是固定资产的支持，调查显示，资金雄厚、固定资产投资到位的高技术企业的研究绩效通常高于资产投资实力不足的企业。故高技术产业固定资产投入金额是衡量产业投入的重要指标。另外，研发经费支出是高技术产业发展的标志性费用，是高技术产业发展投入的主要形式，故在评价高技术产业发展时必须重点关注企业的研发投入资金数量[147]。人员、资产、研发费用作为成本投入要素共同推动着高技术企业的发展。

其次，高技术产业产出主要包括专利申请数、高技术产业主营业务收入以及高技术产业利润总额。专利申请数主要指高技术产业的科研产出，美国著名的科学家普赖斯对高技术产业发展的成果产出情况进行了长期持续性的研究，分别在 1962 年和 1963 年撰写了相关的研究专著，提出了高技术企业取得的专利成果成绩是企业技术水平的真实体现，决定着企业的盈利能力，发明专利、实用新型技术等是高技术产业发展的最终成果。故本书采用高技术产业每年的专利申请量来对其产出成果进行评估。同时，高技术产业还具有两项产出：一项是主营业务收入，另一项是高技术产业利润总额[148]。主营业务收入主要以高技术产业的主营业务销售收入额表示。另外提升盈利能力当然也是高技术产业发展的目标，而高技术产业利润总额正体现了高技术产业的盈利能力。

最后，高技术产业发展潜力指标主要包括高技术产业新增资产额、高技术产业有效专利数和高技术产业技术改造经费支出数。高技术产业有效专利数区别于高技术产出指标中的专利申请数，主要指专利授权后仍在有效期内的专利数量，体现专利的实质性应用情况。此外，高技术产业新增资产额和高技术产业技术改造经费支出数这两个指标反映高技术产业在创新升级方面所做的努力，从而可以判断产业的发展潜力。

对于金融供给侧系统，通过查阅以往的研究文献资料可以发现，不同学者从不同角度来阐述金融供给侧指标评价体系，在指标的选择上，比较注重金融发展规模，如金融机构贷款余额/国内生产总值(GDP)等。本书借鉴已有的研究成果并进行相关拓展，主要从三个维度衡量金融供给侧系统的金融供给能力，下面予以说明。

其一，金融供给的规模。在国际上，早期采用麦氏指标表征金融供给规模。之后，学者戈德史密斯(Goldsmith)对该指标进行了改进，提出了戈氏指标。该指标完整的表达式为 $FIR=(M2+L+S)/GDP$。国内学者王毅(2002)结合中国情况进行了实证分析，建议以存贷款总额除以 GDP 作为替代指标能够更为准确地测度中国金融供给规模[149]。另外,金融供给规模还可以通过金融部门在一定时期内通过提供金融供给创造的价值总量予以反映,即金融业增加值,主要由社会融资供给和中间服务供给组成。故还可以选择以金融业增加值占国内生产总值的比重衡量金融供给规模。综上,本书主要以货币供给量 M2、金融业增加值占比、存贷款总额占 GDP 比值表示金融供给规模。

其二,金融供给效率通常反映了金融机构的投入产出关系,金融供给效率提升能够激活产业经济,推动高技术产业发展。在金融供给效率指标上,本书选取了银行业总资产报酬率、金融机构贷款总额与存款总额之比、商业银行不良贷款坏账率三方面予以衡量。银行业总资产报酬率可以反映金融供给机构总资产的盈利能力,金融机构存贷比可反映金融机构储蓄资金的投资转化率,商业银行不良贷款坏账率则反映银行业不良资产的比例。需要说明的是,鉴于指标评价的方向性[150],故将商业银行不良贷款坏账率以商业银行优良资产率替换,计算方法为商业银行优良资产率=1－商业银行不良资产率,以此修正为正向指标,从而实现后期计量的一致性和科学性。

其三,金融供给结构是对金融供给侧系统评价的第三个维度。主要选取贷款主体集中程度、融资规模占比、社会融资增量作为衡量指标。贷款主体集中程度是工、农、中、建四大银行贷款数额占总体贷款额度的比率[151],同上考虑指标的方向性,调整指标为贷款主体分散度计算方法为贷款主体分散度=1－贷款主体集中度,以此修正为正向指标。融资结构占比主要是股票发行与债券发行的总额与贷款总额的比率,社会融资增量主要是实体经济依靠金融供给所获得的全部资金数额。

综上分析，研究主要根据上述指标来评价金融供给侧系统和高技术产业系统实际发展情况，为后期计量检验与实证做好基础工作。中国金融供给侧系统和高技术产业系统的三级指标评价体系具体构建如表 3-1、表 3-2 所示，包括金融供给侧和高技术产业发展两大类一级指标，金融供给侧规模、结构、效率与高技术产业发展投入、产出、发展潜力六项二级指标以及高技术产业从业人员年平均人数、高技术产业固定资产投资额、高技术产业 R&D 经费内部支出、高技术产业主营业务收入、高技术产业专利申请数、高技术产业利润总额、高技术产业有效专利数、高技术产业新增资产额、高技术产业技术改造经费、货币供给量 M2、存贷款/GDP、金融业增加值占比、商业银行优良资产率、商业银行总资产报酬率、存贷比、贷款主体分散度、融资结构占比、社会融资增量十八项三级指标。

表 3-1　高技术产业发展评价指标

一级	二级	具体指标	单位	指标属性
高技术产业系统	投入	高技术产业从业人员年平均人数	人	正向
		高技术产业固定资产投资额	亿元	正向
		高技术产业 R&D 经费内部支出	万元	正向
	产出	高技术产业主营业务收入	亿元	正向
		高技术产业专利申请数	项	正向
		高技术产业利润总额	亿元	正向
	发展潜力	高技术产业有效专利数	项	正向
		高技术产业新增资产额	亿元	正向
		高技术产业技术改造经费	万元	正向

表 3-2　金融供给侧评价指标

一级	二级	具体指标及计算公式	单位	指标属性
金融系统	规模	货币供给量 M2	亿元	正向
		存贷款占 GDP 比重 (存款总额+贷款总额)/GDP	比率	正向
		金融业增加值占比 (金融业增加值/GDP)	比率	正向
	效率	商业银行优良资产率 (1－商业银行不良资产率)	比率	正向
		银行业总资产报酬率 (税后净利/总资产)	比率	正向
		存贷比 (贷款总额/存款总额)	比率	正向
	结构	贷款主体分散度 1－(四大银行贷款总额/贷款总额)	比率	正向
		融资结构占比 (股票发行+债券发行)/贷款金额	比率	正向
		社会融资增量	亿元	正向

3.2　熵值法判断评价指标权重

3.2.1　熵值赋权基本原理

熵(entropy)原是物理和热力学中的一个统计概念,指热力系统对热能有效利用的高低程度。热力系统的熵值越大,表示能量可利用的程度越低,反之则越高。后来美国信息论之父香农(C. E. Shannon)在统计物理学中将其推广为信息熵。在信息熵中,熵是对无序度的一种度量。信息量越大，无序度就越小，熵值就越小；信息量越小，无序度就越大，熵值就越大[152]。

研究根据熵的特性科学计算出熵值，从而来判断指标参数的随机程度及无序状态，即利用熵值反映变量的离散程度，指标的离散程度决定指标对综合评价的影响度[153]。由此可以看出熵权法是一种较为客观的科学赋权方法，它主要根据所选指标体现的信息量来赋予指标权重[154]。具体来讲，是指多个评价指标所构成的指标数据中，以指标的信息熵数值大小评价受测对象的变异程度，信息熵越小，评价对象提供的信息量越多，对综合评价影响越大，其权重也就越大。相反，若指标的信息熵越大，表明评价对象的指标值的变异程度越小，为评价对象提供的信息量越少，对综合评价影响越小，其权重也就越小。

3.2.2　熵权法的评价步骤

第一步先进行数据处理。主要是统一评价指标的量纲和单位，便于科学比较和计算。在各评价指标权重计算前先将两系统相关数据进行标准化处理，接下来进行平移处理，修正负值。评价指标数值进行标准化处理后，可能会出现数值偏小或负值等情况，为了计算口径统一与方便，将标准化后的数值进行平移处理，从而修正上述情况。最后，对数据进行无量纲化处理。

$$x'_{ij}=\frac{x_{ij}}{\max x_j} \tag{3-1}$$

$$x''_{ij}=H+x'_{ij} \tag{3-2}$$

其中，H 为指标平移的幅度，取值为 1。

$$y_{ij} = \frac{x''_{ij}}{\sum_{i=1}^{n} x'_{ij}} \tag{3-3}$$

第二步,计算第 j 个指标的熵值和第 j 个指标的差异系数。

$$e_j = -\frac{1}{\ln n}\sum_{i=1}^{n} y_{ij} \ln y_{ij}$$

$$g_j = 1 - e_j \quad 其中,j = 1, 2, \cdots, p \tag{3-4}$$

第三步,计算第 j 个指标的权重。

$$\omega_j = \frac{g_j}{\sum_{j=1}^{p} g_j} \quad 其中,j = 1, 2, \cdots, p \tag{3-5}$$

3.2.3 高技术产业系统与金融供给侧系统评价指标赋权

按照 3.2.2 节中步骤,评价指标熵值赋权如表 3-3 和表 3-4 所示。

表 3-3 金融供给侧评价指标赋权

	熵值	差异系数	权重
货币供给量 M2	0.999 572 479	0.000 428	0.044 750
存贷款/GDP	0.991 304 801	0.008 695	0.910 163
金融业增加值/GDP	0.999 569 272	0.000 431	0.045 086
商业银行优良资产率	0.989 840 533	0.010 159	0.918 624
银行总资产报酬率	0.999 132 751	0.000 867	0.078 417
存贷比	0.999 967 270	0.000 032 7	0.002 959
贷款主体分散度	0.995 228 670	0.004 771	0.310 103
融资结构占比	0.994 848 742	0.005 151	0.334 796
社会融资增量	0.994 536 330	0.005 464	0.355 101

表 3-4　高技术产业发展评价指标赋权

	熵值	差异系数	权重
高技术产业从业人员年平均人数	0.998 466	0.001 534	0.087 624
高技术产业固定资产投资额	0.991 294	0.008 706	0.497 157
高技术产业 R&D 经费内部支出	0.992 729	0.007 271	0.415 219
高技术产业主营业务收入	0.995 425	0.004 575	0.230 627
高技术产业专利申请数	0.991 002	0.008 998	0.453 641
高技术产业利润总额	0.993 737	0.006 263	0.315 732
高技术产业有效专利数	0.989 475	0.010 525	0.477 414
高技术产业新增资产额	0.991 398	0.008 602	0.390 190
高技术产业技术改造经费	0.997 081	0.002 919	0.132 396

3.3　高技术产业发展与金融供给侧关系计量分析

研究金融供给侧与高技术产业发展两系统协同发展关系主要分为两个层次：首先判定金融供给侧与高技术产业两系统发展之间有无长期均衡及因果关系；其次在证明两系统有长期均衡关系且相互作用、互为因果后，再进一步深入探讨，包括耦合机制等理论分析和开展后续耦合关系的定量研究，如此才具有逻辑性和科学性。下面首先开展计量检验，从而验证两系统是否存在长期均衡和互为因果的关系。

3.3.1　计量检验研究思路

计量经济学中对时间序列变量之间的长期均衡关系进行检验时可以利用协整分析方法。检验环节研究总体思路以1996—2015 年金融供给侧与高技术产业发展数据为分析变量，在开展协整检验前，须确认变量是稳定变量[155]，故首先要开展单位根检验。如果经过单位根检验表明是非平稳变量，则对变量进行差分，差分后达到同阶单整，再进一步考虑采用协整分析方法。其次，使用E-G两步法构建协整方程[156]，并对协整方程的残差序列进行检验，通过则可以说明金融供给侧和高技术产业发展之间存在长期均衡关系，两系统变量之间存在长期相互影响。最后，再进一步探讨金融供给侧与高技术产业发展两系统变量之间的相互作用关系，对模型进行Granger检验，验证两系统变量之间的因果关系[157]。

3.3.2 提出假设

前文已详细说明金融供给侧与高技术产业发展两者之间的关系：首先金融供给支持高技术产业发展，金融供给环境的优化和供给效率的提升对高技术产业发展的影响是直接且巨大的，在高技术发展过程中，清晰地显示出金融供给对高技术产业发展的支持作用。其次，高技术产业发展促进金融供给侧深化发展与变革。高技术产业的发展对金融供给机构的资源管理、数据处理和资金汇聚等传统运作模式产生了强烈的冲击，高技术产业发展对传统金融供给方式与运作机制提出新的要求，从而促进了金融供给侧的深化发展，并引领当下金融供给改革的战略选择。

基于此，提出研究假设：金融供给侧与高技术产业发展两系统之间存在着长期均衡关系，并且互为因果。

3.3.3 单位根检验

在对 X(金融供给侧)与 Y(高技术产业发展)两变量进行平稳性检验和协整检验之前,首先对 1996—2015 年区间的指标数据开展趋势分析。图 3-1 表明两系统变量都存在较为明显的变化趋势,且数据变化趋势均呈现总体向上的发展趋势,虽然不能确定两变量存在协整关系,但这一区间的图像分析为平稳性检验以及协整检验提供了直观的依据。

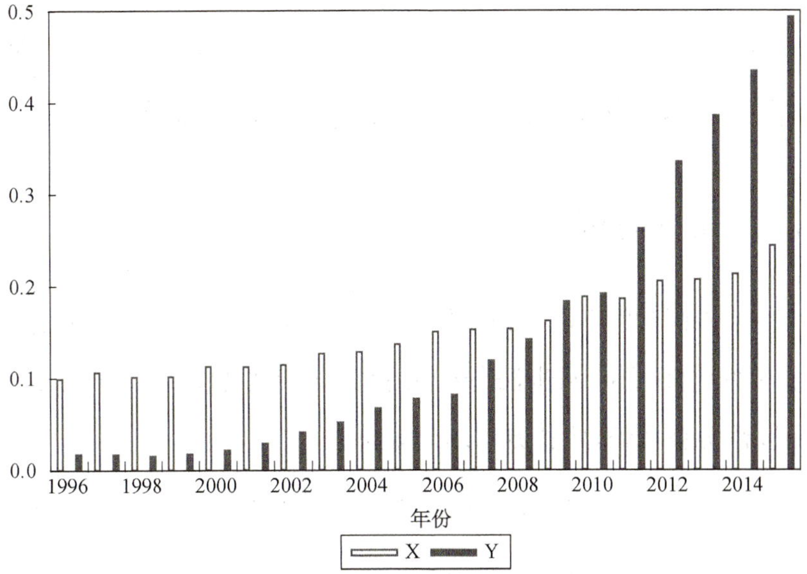

图 3-1　金融供给侧与高技术产业发展趋势图

单位根检验前,为消除变量异方差、数据异常值及随机波动影响,对两系统数据进行标准化处理。然后对处理后的时间序列数据 X(金融供给侧)、Y(高技术产业发展)进行单位根检验。表 3-5 为变量 X(金融供给侧)、Y(高技术产业发展)单位根检验结果。结果显示两系统变量皆为一阶单整变量 $I(1)$。同阶单整满足协整分析的前提条件，开始进一步进行协整分析。

表 3-5 两系统变量单位根检验结果

变量	检验类型 (C, T, K)	ADF 统计值	1%临界值	5%临界值	10%临界值	结论
X	C,T,0	−1.331 843	4.532 598	3.673 616	−3.277 364	不平稳 (0.847 4)
D_X	C, T, 1	−3.534 941	4.800 080	3.791 172	−3.342 253	平稳 (0.074 7)
Y	C, T, 0	0.502 458	4.532 598	3.673 616	−3.277 364	不平稳 (0.998 3)
D_Y	C, T, 1	−4.366 95	4.571 559	3.690 814	−3.286 909	平稳 (0.014 6)

注：D 表示一阶差分；检验类型中 C、T、K 分别表示常数项、时间趋势项、滞后阶数。

3.3.4 协整分析

由于本书研究的是金融供给侧与高技术产业发展双变量的相关关系，因此采用 E-G 两步法分析两者之间的协整关系。第一步运用 OLS 进行协整回归，协整方程结果如下：

$$Y=3.375\,847X-0.356\,377 \tag{3-6}$$

$$R^2=0.938\,9 \tag{3-7}$$

$$F=276.59\,9 \tag{3-8}$$

回归方程结果显示，方程拟合度较好，回归系数显著，F 值显著。由于研究重点是协整检验，第二步主要是检验残差序列的平稳性。首先提取回归方程残差，对上述金融供给侧与高技术产业发展的残差序列 $RESID$ 进行单位根检验。检验结果如图 3-2，可以发现，残差

RESID 是平稳的。

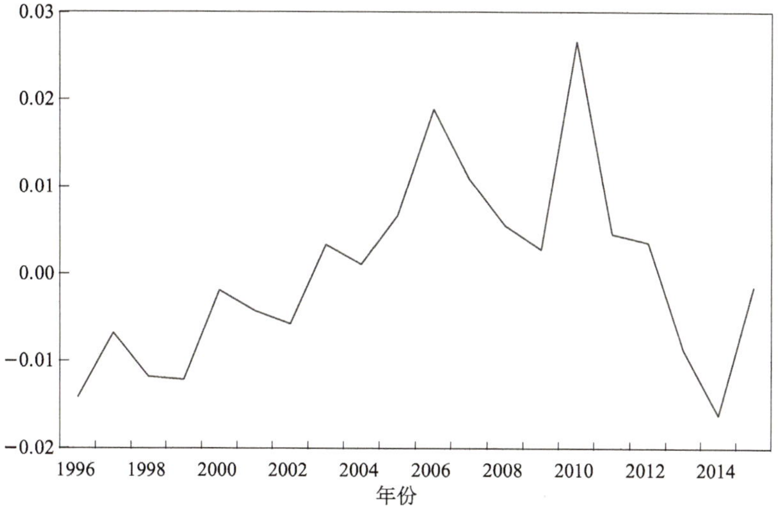

图 3-2　残差提取

金融供给侧系统与高技术产业系统协整检验结果见表 3-6。

表 3-6　金融供给侧系统与高技术产业系统协整检验结果

		T 统计值	接受原假设概率(*P* 值)
ADF 检验统计		−5.495 220	0.001 8
检验临界值	1%水平	−4.571 559	—
	5%水平	−3.690 814	—
	10%水平	−3.286 909	—

协整方程结果表明，金融供给侧与高技术产业发展存在着长期均衡关系，两系统长期相互影响。其中，简单从回归方程看出金融供给侧对高技术产业发展有正向促进作用。

3.3.5 Granger 因果检验

协整分析表明金融供给侧和高技术产业发展两系统变量之间长期内至少具有单向的影响关系，为证明两系统变量之间互为因果的关系，研究进一步开展对变量金融供给侧与变量高技术产业发展进行 Granger 因果检验。检验结果见表 3-7。

表 3-7 金融供给侧与高技术产业发展 Granger 因果检验结果

Granger 因果关系检验

日期：11/01/2017 时间：10:09

样本：1996—2015

滞后期：1

检验原假设	结论	F 统计值	概率(P)
Y 不是引起 X 的原因	拒绝	3.944 5	0.064 4
X 不是引起 Y 的原因	拒绝	12.041 8	0.003 2

Granger 因果检验结果显示，高技术产业发展(Y)不是金融供给侧发展(X)的 Granger 原因的 P 值显著小于 10%，表示在置信度 90% 以内，高技术产业发展是金融供给侧的 Granger 原因。同时金融供给侧发展水平不是高技术产业发展的 Granger 原因的 P 值显著小于 5%，表明在置信度 95%以内，变量金融供给侧是变量高技术产业发展的 Granger 原因，两系统发展互为因果关系。

综上，待检验假设成立，即高技术产业发展(Y)与金融供给侧(X)存在着长期均衡关系。根据协整回归方程变量的系数符号，变量高技术产业发展(Y)与金融供给侧(X)之间具有正向关系。Granger 检验因果分析表明，在 90%的置信区间内，高技术产业发展(Y)是金融供给侧(X)的 Granger 原因;在 95%的置信区间内金融供给侧(X)是高技术产业发展(Y)的 Granger 原因。理论分析表明高技术产业发展与金融供给侧之间存在着相互影响,实证结果也证实影响关系的存在。从发展历史来看,高技术产业在一定环境、政策引导下出现并逐步发展,其后金融供给侧发挥着对高技术产业发展的支持作用,金融供给资源对高技术产业发展的引导和促进作用明显,同时在高技术产业发展到一定程度时,对金融供给侧会出现明显的反哺作用,高技术产业发展产生的高新技术引领金融供给侧改革的各个方面。现阶段金融供给侧对高技术产业发展的影响更明显,实证结果也证实了这一点。中国的金融供给存在着系统相对封闭、行业针对性不强、无效供给和低效供给依然存在等问题,因此对高技术产业发展的正面作用仍待优化。

本章小结

本章研究根据一致性、配比性、独立性等指标设计原则,通过借鉴相关资料,以高技术产业投入、高技术产业产出以及高技术产业发展潜力三个方面九项指标来衡量高技术产业发展综合状况。目前通过金融供给的规模、金融供给结构及金融供给效率反映金融供给侧状况,对于评价指标运用信息熵进行赋权。在上述步骤完成的基础上,本章设定了高技术产业发展与金融供给侧相互影响计量分析模型,对高技术产业发展与金融供给侧系统之间的相互影响进行了协整分析和 Granger 因果检验,从而验证提出的假设。相关结论总结如下:协整方程结果表明，金融供给侧与高技术产业发展存在着长期均衡关系，两系统长期相互影响。其中，简单从回归方程看出金融供给侧对高技术产业发展有正向促进作用。Granger 因果检验结果显示高技术产业发展是金融供给侧的 Granger 原因，同时金融供给侧也是高技术产业发展的 Granger 原因，即两系统发展互为因果。本章创新之处在于运用计量模型验证了两系统的互动作用。

第四章　高技术产业发展与金融供给侧动态耦合机制研究

在验证了高技术产业系统与金融供给侧系统的互动作用之后，需要更进一步明确两系统的关系属性和作用程度。在具体论证两系统关系属性前，先梳理高技术产业系统和金融供给侧系统的动态演化轨迹。

4.1　高技术产业发展与金融供给侧两系统动态发展演化研究

系统演化的过程总与既定联系的时空情境相关，这是相关研究常常以时间和空间两大维度为基础分析演化发展问题的关键所在。故本研究亦将高技术产业系统发展和金融供给侧系统归置在特定的时空情境中来分析二者的演化，对其在特定时、空维度中的演化过程进行考察，并分析两系统在此过程中具体表现出来的特征，从而分析两系统存在的动态耦合发展规律。

4.1.1 金融供给侧系统动态演化过程分析

4.1.1.1 金融供给侧系统发展的时间维度上的演化

通常,金融供给侧发展模式在时间维度的演变进程中要经历三个阶段:第一阶段是初期阶段,即早期采用的实物货币交易模式;第二阶段是银行主导阶段,主要为银行大规模发放信贷的模式;第三阶段为金融市场主导阶段,主要表现为各类金融工具的扩张[158]。在整个发展过程中,金融供给方式也在发生着重大的变化,即从间接供给变为直接供给。这种变化并非是渐进的过程,而是呈现出显著的阶段性特征。具体来说,在第一阶段,金融供给方式主要是实物信贷。如在狩猎时代,动物的肉和毛皮可作为信贷实物;在农业时代,粮食和农具以及牲口等都可以作为信贷物。在货币产生之后,人们就采用货币作为信贷物。尽管信贷产生于货币之前,但货币却促进了信贷的发展。由于货币的便利性,信贷的形式也更加复杂多样化。在发展到一定的水平时,市场必定会催生出信贷交易的中间人,即信贷交易机构[159]。这类机构专门为私人和企业乃至国家提供信贷交易服务,从而降低了信贷交易的成本。同时,通过在法律框架内签订合同的形式,确保信贷关系的稳定。从而逐渐催生出现代金融供给机构。纵观现代金融供给机构的发展史,最早兴起于12世纪的欧洲。当时,欧洲兴起了大量的城市,这些城市之间贸易交往频繁,工商业十分发达,由此诞生了典当行以及货币兑换机构,为各国的客商提供交易的方便。此外,在当时的威尼斯共和国出现了一种大规模的金融机构——放款团[160]。该团体已经具备了现代银行的根本特征。到了19世纪,正式的商业银行开始出现，并开始了快速发展的历程，金融机构的数量和规模都在不断扩大，信用货币大量产生，逐渐替代了实物货币，金融供给体系飞速发展，进入了银行主导型阶段。该阶段从 1844 年英国颁布《皮尔条例》开始，直到 20 世纪的 60 年代，这种金融供给模式快速发展，逐渐占据了金融供给市场的主要地位。之后的 20 年，金融供给在金融自由化浪潮的冲击下，处于不断的波动和变化当中，最终，以布雷顿森林体系的解体为结束。之后市场进入了金融供给创新阶段，大量金融衍生工具出现，非银行金融机构和证券市场一步步地蚕食着传统金融供给的市场份额，在金融供给市场中逐渐占据了主导地位，呈现出市场主导型金融供给模式的局面[161]，而不断发展的高技术更助推着这种模式的快速发展。

综上所述可知，金融供给侧的时间演变显示由实物货币到信用货币再到非货币金融工具，由低级到高级发展的演变模式。期间呈现出鲜明的演变特点，金融供给主体与工具逐渐丰富与多样化。

第一，金融供给工具。戈德史密斯（Goldsmith）对金融工具有着系统的研究，他指出，人类最早的金融工具可以追溯到公元前两千年，当时，比较简单的债权和所有权凭证出现在中东地区附近。自此之后，金融工具经历了漫长的演化历史，曾经以多种形态出现在人们的生活中，直到成为今天的金融工具模式，作为构成国民财富的基础结构，占据着经济社会的重要地位[162]。在表现形式上，金融工具往往以证券、票据等载体存在，具有法律效应。而信用关系的发展为金融工具增添了更多的形式，从最初的实物货币到后来的各类银行货币，直到今天的各种非货币金融工具。从供给期限上金融工具可以分为长期和短期两种，从融资形式上可以分为间接和直接两种，从信用关系上可分为原生金融工具和衍生金融工具等。在不同的国家，金融供给水平有着较大的差异，金融工具的类型也各有不同。

第二，金融供给主体。作为金融体系中的重要元素，金融机构是专门从事货币信用活动及金融服务的中介组织，是金融供给主体的一个重要组成部分。其最大的特征就是持有并发行金融产品等[163]。金融供给机构的发展历程也可以分为以下几个阶段：一是早期的传统商业银行模式；二是之后的中央银行和专业银行模式，比如科技银行；三是当下的非银行金融机构出现，多种供给主体并存的模式占据市场的主导地位[164]。当下，银行和非银行金融机构之间的界限因为高科技的广泛使用而逐渐模糊，网络银行和电子银行成为银行一种重要的服务形式，从而使金融供给机构的发展呈现出两种趋势：一个是综合化，即业务内容的拓展；另一个是虚拟化，即将更多的服务内容搬到网络上进行。由此，形成了金融供给方式多元化的局面。大致上看，现代意义上的金融供给机构包括了银行、证券公司、保险金融机构等，此外还有其他类型的融资服务公司[165]。由此可见，随着经济的发展，金融供给机构呈现出复杂化、多样性的特点，金融供给市场在不断地细分，金融供给机构也在逐步地发展、更新，金融供给的功能逐渐改善与多元化。

4.1.1.2 金融供给侧系统发展的空间维度上的演化

金融供给侧的空间发展也有着鲜明的特征，金融供给空间系统演化分为以下几个阶段：首先，金融供给机构最初主要以服务当地社区为主；其次，信用发展带来金融供给市场的拓展，逐步突破了区域限制，金融供给业务和主体向全国发展；再次，随着海外经营业务的拓展，金融供给业务和金融供给机构由国内延伸至海外市场，同时在全国各区域逐渐出现非银行金融供给机构；最后金融集聚导致金融供给中心的集中[166]。金融供给空间演变过程可概括为，金融供给始发于当地或区域供给阶段，发展于全国性金融供给服务和产品的拓展阶段，以及金融供给活动在经济繁荣区域聚焦而形成全国性金融中心阶段，最终达到金融供给向国际化发展并且国际金融中心形成集中阶段。金融供给的空间演化核心内容是金融供给机构组织形式的空间拓展和金融供给业务等活动的地理集中。

当前金融供给空间演化的结果与经济资源分布以及市场化进程的区域有着重要的联系，中国金融供给的发展呈现出明显的地域特征。无论是金融供给规模、金融供给质量、覆盖率等金融供给指标以及金融供给服务能力，东部地区均明显优于中西部地区，其中长江三角地区的优势较为突出，金融供给集聚中心也多以上海等发达区域为主[167]。

综上，金融供给侧系统演化图见图 4-1。

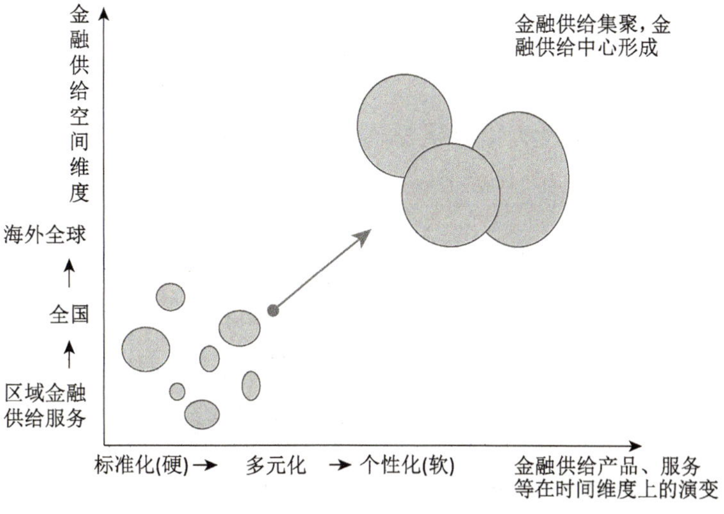

图 4-1　金融供给侧系统演化图

4.1.2 高技术产业系统的动态演化过程分析

4.1.2.1 高技术产业系统在空间维度上的演化

高技术产业发展的重要环节包括发明创造，技术的创新、扩散等，高技术产业发展的本质含义是在技术创新产生后，这些新技术通过产业部门和行业实现迅速转移与扩散，并作用于宏观经济的发展。可见，在高技术产业发展这一动态链条上，技术创新是其源头。约瑟夫·熊彼特(1921)首次将创新引入经济发展的分析中，至此，与创新相关的研究蓬勃发展了起来，从而奠定了经济研究中创新理论研究不可撼动的地位，同时创新理论研究逐渐发展成为高技术产业发展的一项重要课题[168]。但不管是早期索洛(Solow)和肯德里克(Kendrick)所提出的外生增长理论，还是罗默(Romer)、卢卡斯(Lucas)和雷贝洛(Rebelo)所提出的内生增长理论，在分析高技术产业发展对经济增长带来的影响时，均未充分认识高技术产业发展的演化特征，往往忽略了其历史的动态演化脉络。

创新理论研究因演化分析法而得以不断丰富和发展，演化分析法备受研究创新与高技术产业发展领域的经济学家们所推崇，如多西(Dosi)、温特(Winter)、弗雷曼(Freeman)、西尔弗伯格(Silverberg)等经济学家们认为，在解释经济的长期增长变动时，古典经济学所认为的在特定机制下借助人与人的相互作用而形成的资源配置，即生产要素的投入仅是其中的必要条件，而充分条件则是技术与制度的创新、新资源的发掘和偏好的更变，也就是新古典经济学中所假设的前提发生了改变[169]。换言之，经济长期增长变动取决于新技术的创造。技术创新到高技术产业发展是一个完整的动态发展过程，如果技术创新仅始于某一企业，其会通过各种途径同时实现纵向和横向的转移和扩散。本书借鉴演化经济学家对高技术产业发展所进行的分析，并参考了纪玉山、吴勇民等人的文献资料，对技术创新向宏观经济传导的机理展开了研究，从而得出结论。高技术产业发展在空间维度上的演化主要表现在以下三个层面：

一是起步于高技术企业发展的规模效应。作为高技术产业发展的基础单位，初期高技术企业因技术发展和创新而不断提高生产率，并持续拓展规模，从而实现不断增长的规模收益，由此高技术企业创新发展引发了高技术产业的发展。具体来讲，高技术企业在开展创新活动时，需要支出一定的研发费用，这些研发费用可计入未来产品成本中。研发成本与产品的生产量无关，不会因为产量的变化而发生改变，从财务角度可称之为固定成本。此外，研发成本也是一项沉没成本，初期投入是无法收回的。当然研发成功，则可从技术产品销售收益中获得补偿。技术是一种公共品，是特殊的商品，纪玉山认为对于技术的消费不存在竞争性。技术创新活动一经开始，高技术企业的产品成本将是一条下降的曲线，通过企业生产规模的不断拓展可以对固定成本进行分摊，同时由于这种固定成本的降低，高技术企业产品的综合成本也会随之降低，如此企业可实现规模收益的不断增长[170]。就高技术企业层面而言，这种不断增长的规模收益所体现出来的是技术创新的规模经济(economies of scale)。即由于科技创新，高技术企业的技术水平、生产能力等得到了极大的提升，随着生产规模的不断拓展造成单位产品耗费的成本越来越少，从而提升高技术企业的营业利润。高技术企业有效地突破了既有的技术水平，其持续发展引发产业规模经济。因为在高技术企业拓展技术创新的成果时，是基于企业间知识共享的扩张实现的，在形成共享总成本（各种成本的综合，如组织、编码、机构、交易、搜寻、接受等成本）后[171]，一旦增加了技术创新成果的使用次数，就会降低单位共享成本，继而实现规模效应。高技术企业在实现规模效应的同时，高技术产业得以发展。

二是发展于凸显集聚效应及乘数效应的产业层面。在微观的高技术企业层面产生技术创新之后，伴随规模效应的不断扩张、深化，高技术产业得以发展，高技术产业内会持续出现新的生产方式和新的产品。市场一旦选中那些具有极大发展前景的技术创新成果，其会不断在产业内扩散并转移到产业外，高技术产业发展会显示出极大的适应性并继续不断发展、深化。这种转移和扩散演化主要是通过以下两种效应来实现的。

第一，集聚效应，是指高技术产业发展中形成的范围经济。高技术产业发展中的范围经济，指的是产业发展中生产的产品之间存在一定的关联性与协调性，借助技术创新的发展与共享，一方面使得产业发展综合成本降低，另一方面产业内各基础单位会采用多种方式互相学习、模仿并加以创新，能够不断优化、升级产业内的产品，使之超越原有功能，开拓出新的配套产品或者替代新品，从而形成为整个产业带来创造性收益的聚集效应[172]。日本经济学家植草益提出，通过联合生产追加新的产品和服务能有效降低单独生产某类产品的成本，从而形成范围经济。从本质来看，范围经济能形成收益递增是因为科技创新的知识、信息等因素存在明显的固有属性，即共享性。就高技术产业发展过程来说，各种共有生产要素，如知识、信息、技术会在产业内传播，在从某一生产过程转向其他生产过程时，这种传播能有效节约成本[173]。高技术产业发展中产品具有越高的信息化程度意味着在生产过程中需投入的软要素比重越大，故其所实现的范围经济收益增长越显著。

第二，乘数效应，指科学技术创新在产业与产业之间构成的联结经济。伴随科技创新在高技术产业内的不断转移和扩散，会不断超越产业，继而在高技术产业发展与其他产业之间形成联结经济，即出现乘数效应[174]，并借助这种效应使科技创新演化为世界范围内的高技术发展。规模经济的形成与发展得益于规模扩张带来的报酬递增，范围经济的形成与发展则取决于软要素的共享性特征，两种模式是高技术产业内的发展形态，而联结经济是高技术产业发展的外扩效应。“联结经济性”指的是当复数个市场主体从单一信息联通阶段转变为信息网络化阶段时，会建立起一种全新的关系，这种关系具有竞争协同性。联结经济的主要特征是既涵盖了高技术产业内发展投入成本时共同生产要素间转用的低成本甚至无成本，又涵盖了产出时产业间复数个主体和组织联系而形成的乘数效应[175]。因此，从产业层面而言，集聚效应和乘数效应促进了高技术产业的发展，从宏观发展层面而言，则进一步推动了高技术经济的发展。

三是拓展升级于“高技术经济”。高技术产业发展起源于微观的企业层面，并在产业内直接升级扩散，呈现出了颇为完整的高技术产业发展过程，最终在产业间转移和扩散，实现高技术经济增长。20 世纪 60 年代库兹涅茨在用大量的经验数据分析了先行工业化国家经济增长的情况后，认为在 18 世纪末期 19 世纪初期这些国家就开始向现代经济增长的模式过渡，现代经济增长的主要特征是依靠效率的提高。同时库兹涅茨指出效率提高主要靠科学技术的广泛运用，而高技术产业的横向、纵向拓展必然带来科学技术的广泛应用。拓展经济学家佩雷斯(Perez)提出了一个概念,即“技术—经济”发展模型[176],认为技术革命所提供的组织原则和技术均是相互关联的。每一次技术革命都会更新整个社会生产体系,使其更具效率,更具现代化,同时还能真实促进各种经济活动潜在生产率的提升。这一新概念的阐述中包含了软件、硬件和意识形态等方面,促使整个社会生产的最佳惯行方式边界得到了共同改变[177]。高技术产业发展过程中出现的新技术和新产品,均会促使新的基础设施和行业得到爆炸性发展,从而逐步产生一种全新的“高技术经济”发展范式。佩雷斯(Perez)在其著作中对金融资本与技术革命进行了系统的论述,并对人类史上五次技术发展进行了界定,提出所有技术发展均遵循“技术—经济”范式的变动。技术创新不断以集群性、产业化的方式出现,也不断促使着“技术—经济”螺旋式的发展。经济学家吴敬琏也强调了经济增长模式和技术进步的关系。综上分析,高技术产业发展在产业间的传播、扩散、网络化,最终会推动经济增长,这种增长模式是建立在科技发展、效率提高的基础之上,谓之“高技术经济”的发展[178]。

4.1.2.2　高技术产业发展在时间维度上的演化

高技术产业发展在时间层面的纵向演化主要表现为高技术产业从萌芽到衰落、转移的变化。高技术产业发展在现代演化经济学家看来就是技术发展的新陈代谢,如果一项技术创新成功,这些新技术通过市场的选择会在产业内不断转移和扩散,包含了旧知识的淘汰和新知识的产生,这一过程不断重复演化就是产业发展产生周期性波动的本质所在。故对高技术产业发展在时间层面的纵向演化展开论述时,首先要介绍高技术发展的生命周期过程。高技术发展周期模式可以描述如下:将技术创新在产业内进行商业化发展之后,在市场的选择干预下,各种技术要素会不断得到改进和调整,减少新技术受到的各种组织和物理的束缚,从而使这种新技术的各项性能日渐成熟,于是这项技术会达到演化巅峰。伴随时间的不断推移,该技术所创造的经济效益将慢慢呈现出衰退趋势,继而被效率更高的技术取而代之,这就意味着其生命周期的终结。金姆(Kim)在界定技术发展的生命周期时,主要从竞争的影响力、产品与制造过程的整合程度这两方面出发。当一项新技术刚上市时,其竞争影响力往往不高,产品及其制造过程也尚未得到成熟的协同配合,这时处于技术生命周期的萌芽阶段,也就是第一个阶段。伴随新技术的不断改进与完善,其竞争力会逐渐增强,此时,产品及其制造过程的协同配合程度依然不高,处于技术生命周期的成长期,也就是第二个阶段。伴随技术竞争力的不断提升,产品及其制造过程的协同配合度会越来越高,部分技术经过更为深入的发展,会成为关键技术,此时处于技术的成熟期,也就是第三个阶段。当这项技术达到鼎盛状态,它的市场影响力便会呈现出下降的趋势,此时,该技术将逐渐演化为基本技术或通用技术。这项技术在这一阶段的产品制造协同配合程度依然非常高。伴随新的替代性技术的涌现,这一技术便会慢慢衰退,继而完成技术的周期性更新换代[179]。恩斯特(Ernst)通过S形曲线对技术生命周期理论展开了可视化描述,技术的萌芽时期属于第一阶段,即新兴技术;成长期属于第二阶段,即追踪技术;成熟期属于第三阶段,即关键技术;饱和期属于第四阶段,即通用技术或基本技术。在经历第四阶段后,曲线将呈现出下降的趋势,并开始进入衰退期。接着,会涌现出新的替代性技术,新技术的生命周期将不断如此循环往复[180]。

在对技术发展周期简要论述的基础上，下面主要对高技术产业发展周期进行具体论述，高技术产业发展生命周期的显著特征是周期循环盘升，分析详情如下：

一是高技术产业萌芽期。高技术产业萌芽阶段是指从产业不明晰到产业形成这一阶段。在这一阶段，产业整体处在艰难的探索期，技术创新的成功将促成新技术的萌芽，在技术创新阶段通常需要投入巨大的研发资金。此时，创新活动往往存在极大的不确定性，创新者所面临的风险较大，市场对新技术的选择前景也并不明朗，在这种条件下高技术产业发展前景不明晰，传统产业的势力还非常强大。高技术产业发展的核心是技术研发和技术储备，因为新技术会深受各种因素的影响，可能部分企业还没有能力采用这项技术，或者其产生的利润不大，新技术的交易难度也较大，故初期高技术产业发展缺乏现金流的支持，尤其是持续现金流的支持。高技术产业发展会在萌芽期停留较长时间，因为市场对新技术的需求往往一瞬万变，新技术的发展前景通常取决于用户偏好[181]。萌芽期高技术产业发展需要靠高技术的特质和其发展潜质，等待产业发展机会出现，从而形成高技术产业。

二是高技术产业发展成长期。产业扩张阶段是指从产业成形到产业链形成阶段为止。这一阶段分为两步。第一步是高技术产业内的企业出现数量上井喷式的无序成长，少数洞察力强的企业将新技术转化为产品，并成功推向市场，获取高额利润。较高利润率的刺激、国家主要政策导向和制度环境优化后，产业内最先使用新技术的企业将占领先机，实现快速成长。同时在这一阶段，高技术产业发展在规模上有重大突破，通过政策倾斜来促进高技术企业数量的增多和产业规模的扩大，可使得高技术产业发展在数量上成长迅速，但产业发展的手段主要靠模仿和技术引进，依然属于蓝海市场，市场不够成熟或者高新技术仍存在壁垒[182]。第二步主要是在高技术产业内企业数量增长的基础上，开始出现高技术产业园区，产业开始向集聚化发展。集聚作用的优势一旦出现，就会产生导向作用，带来更多市场要素和创新技术资源的聚合，改变以往技术资源流通在空间、时间等诸多方面的限制，吸引更多市场主体加入，高技术产业的规模得到扩散发展。这一阶段高技术产业发展仍比较粗放，主要经过市场引导和集聚效应实现产业规模效益，产业发展的质量和效率仍然有待提升。

三是产业发展成熟期。成熟期从高技术产业的成长后期开始，一直持续到产业发展的另一转折点（或衰落或突破）[183]。此阶段的高技术已经被产业内的企业广泛掌握或者经历了专利保护期，基本消除了技术壁垒，高技术产业的领军企业开始出现，在产业发展中占据稳定的主导地位。高技术产业链发展的上端、中位、下游结构清晰，定位明确，产业发展具有较好的支撑与配套条件，技术已被不断改进并在越来越多的领域中得到应用，具有较高附加值的产品在市场上出现。产业发展呈现出较强的市场主导性，高技术产业配套发展良好，高技术产业在这一阶段将发挥其特有的优势，充分释放产业正能量，相比其他产业将会更加迅速地形成较强的核心竞争力。成熟期后产业内原有技术和产品逐渐呈现出饱和状态。

四是产业突破期或衰退期。此时产业内的技术已经过了鼎盛阶段，达到了非常成熟的状态，极少有改进空间，甚至出现了新的替代性技术，使产业整体利润呈现下滑趋势[184]。高技术产业发展的后劲逐步减弱,产业的发展可能面临两种状态:一是高技术产业开始步入衰落期;另一种可能是产业突破进入一个更为成熟的高潮期,并且高潮层出不穷,绵绵无尽。第一种情况主要是掌握旧技术的企业越来越少,直至旧技术完全消亡,而新的可替代技术还没发展起来,区域内产业成本持续提高、产业利润率不断下降,从而使产业发展衰落。伴随着产业发展的衰落,高技术产业发展中形成的专利、品牌等无形资产、金融资产以及高端技术人力资源会出现梯度转移,从而使高技术产业在全新的起点上进入了新一轮的发展循环。第二种情况在高技术产业发展过程中也有很大的出现概率,主要是因为在高技术产业发展过程中,由于不断创新和自我突破,经常会出现产业发展的新高潮,挽救产业的衰退趋势。当然产业内自身也会拓展实现网络化协作,从而出现新的子产业萌芽,进而发展成一个新的子产业。比如,在相片处理领域,胶卷完全被数码感光技术取而代之,致使美国柯达公司濒临破产,日本富士公司也被迫转型。但数码科技企业迅速发展,产业内技术突破,整体产业发展还是呈现出强劲动力[185]。只是产业内的低端企业开始在产业链上移动,向产业链高端迈进,以寻求产业发展中更有优势的地位。此过程中产业发展特色为向高端迈进和产业多元化。

4.2 高技术产业系统与金融供给侧系统耦合机制研究

前述对高技术产业发展与金融供给侧的关系进行了初步验证分析,证明两系统存在长期均衡、互为因果的动态关联关系。在关系得到确认的基础上,需要更进一步衡量两系统的关系属性和作用程度。从前述分析可知,金融供给侧与高技术产业发展两系统在其动态发展过程中呈现出相互依赖、相互协同、互助促进、互为因果的动态关联关系,两系统间的关系形态符合系统间耦合关系的表征,金融供给侧与高技术产业发展两系统之间存在着天然的耦合性。下面将进一步说明,并予以实证分析。

4.2.1 金融供给侧系统与高技术产业系统耦合的基本含义及内涵

4.2.1.1 金融供给侧与高技术产业发展耦合的基本含义

耦合是来自物理学的一个基本概念,强调的是系统间或元素运动彼此间的关联性及影响,其所形成的现象事实上是不同子系统间所达到的一种良性互动。一般来说耦合的度量必须要在两个及以上实体中进行[186]。在金融供给侧与高技术产业发展两系统之间借用物理学的耦合概念,可以将金融供给侧与高技术产业发展两系统之间的关系表述得更加具体化与形象化。

金融供给侧与高技术产业发展的耦合概念具体定义为:在一定时间区段内高技术产业发展与金融供给侧系统之间彼此促进、动态协同发展,高技术产业发展与金融供给侧两系统中各要素之间共生融合、能量互动、信息匹配,共同推动整个系统资源及要素配置的优化、高技术产业绩效的优化、金融供给侧结构和供给效率的改善、社会经济发展水平的提升,从而形成金融供给侧与高技术产业协同发展的一体化经济体系[187]。与此相关的概念是高技术产业与金融供给侧系统耦合度，它主要是指两系统耦合、协调的程度，即高技术产业与金融供给侧这两大系统的各组成要素之间的互动、匹配和协同程度，显示出一段时期内高技术产业发展与金融供给侧相互协调的动态发展水平，是耦合关系量化的具体反映。高技术产业发展与金融供给侧的耦合度细分为耦合关联度和耦合协调度。耦合关联度主要衡量两系统的耦合关联情况，数值越高说明高技术产业发展与金融供给侧系统要素之间联系紧密、互动频繁，系统要素之间相互影响程度高。耦合协调度则表示一段时期内两系统的协调程度，数值越高则表示金融供给侧、高技术产业的发展协调性好，系统获得较高的外部性收益、溢出收益，从而推动产业经济、社会经济乃至国家整体经济实力的提高[188]。高技术产业发展与金融供给侧的耦合协调度低，反映在此时间区间内高技术产业发展与金融供给侧的协调发展没有得到重视，协调性较低，会使得金融供给侧、高技术产业乃至社会经济发育及发展放缓，在此过程中经济发展不能获得两系统协同发展所带来的溢出收益，在两系统发展失调衰退的情况下，甚至会对社会经济发展产生消极影响[189]。高技术产业与金融供给侧优质耦合会促成两系统纵向联系与横向协作，形成有机联系的系统经济网络，并以产业链和金融供给网络为缔结点将政府、高技术企业、金融机构等连接成互助共生、相互融合、分工协作、协同发展的一体化经济体。

4.2.1.2 金融供给侧与高技术产业发展耦合的内涵

金融供给侧与高技术产业发展的耦合概念不是两系统两种定义的简单相加，而是对两系统在动态协同发展历程中的综合性、一体化概括。从内涵上看，高技术产业发展与金融供给侧的耦合既是金融供给侧与高技术产业这两大系统的耦合，也是这两大系统中的各组成要素之间的耦合。通过高技术企业、金融机构、政府之间的合理分工、高效合作、优势互补，共同推动系统信息和能量的传递、资源和要素的优化配置、高技术企业组织结构与产业结构的转型升级、金融供给侧空间结构与功能结构的合理调整，两大系统及其组成要素融合发展为一个互助共生的综合系统。高技术产业与金融供给侧的系统耦合强调的是在一定时期内高技术产业发展与金融供给侧的交互影响在时间维度和空间维度的整体性和一致性、协调性和协同性。在时域空间中不是两系统要素之间的简单组合，而是在组合后发挥出溢出价值，即1＋1大于2的叠加效应，从而全面促进两系统的功能发挥、能量释放、协作共赢。高技术产业发展和金融供给方面不单纯是高技术企业之间或者高技术企业与金融供给机构、政府之间的简单聚集，而是具有复杂、高效联系的综合经济发展行为。两系统耦合发展过程中除了发挥资源聚集的优势之外，还会对社会经济资源环境，如政府的制度环境和商业习惯等因素，发挥越来越重要的影响作用。

高技术产业发展与金融供给侧系统耦合的理论意义在于充分发挥金融供给侧与高技术产业发展系统本身所具备的开放性，及由于开放性的存在所带来的信息、能量等的外延特性，从而使系统进一步升华，解放其存在的潜力，发挥创新能量[40]。金融供给侧与高技术产业系统经过耦合，不仅能使两系统自身生产效率水平大增，还可导致系统元素之间及与外界物质、能量和信息之间形成良性互动循环，使系统整体更趋于稳定，真正实现社会经济系统的持续、协调和稳定发展。

4.2.2 金融供给侧与高技术产业发展耦合动力系统

金融供给的形式与结构改变、高技术产业发展是一系列多维度力量相互作用的反映，其耦合发展也正是在这些作用力推动之下呈现的结果。金融供给侧和高技术产业发展耦合的动力体系主要源自三方面：政府推力、市场助力和个体动力。各种力量形成合力，立体式地发挥其作用，对金融供给侧和高技术产业系统耦合关系产生影响。三种动力系统并非一成不变，而是共生互动，复杂多变，发挥的作用和效果也相互影响。

4.2.2.1 政府推力

在当前经济结构调整优化的转型升级背景下，金融供给侧改革就是从提高金融资源供给质量出发，调整金融供给结构，矫正金融资源错配问题，从而提高对高技术产业发展金融需求变化的适应性和灵活性，更好地满足高技术产业发展的需要，并促进高技术产业持续健康发展。在这个过程中，政府的推动作用不可忽略，政府具有宏观调控的职能和权利，通过制定法规政策对市场进行调节，也就是通过公共政策的产生、输出、执行以及修正、调整，更好地引导市场，并协调好市场中各方关系，充分发挥市场在资源配置中的决定性作用，以有形之手配合无形之手指导金融供给与高技术产业形成优质耦合发展。具体来讲，在现代市场经济社会，资金分配是社会资源分配情况的终极体现，由于高技术产业在成长初期盈利情况不明，依靠商业金融供给融资难以完全满足其资金需求，这就需要政策性金融供给的导向支持。政府通过宏观调控手段，能够发挥金融供给市场的投资导向作用，让更多金融供给资源投向高技术产业，以推动高技术产业初期的发展，促进中国产业结构的优化升级。同时，根据当前高技术产业的发展情况，政府还会不断调整金融供给政策，引导金融供给机构进行产品和服务创新，培育多层次金融供给市场，从而促进高技术企业的高效率发展。因此，科学合理的宏观调控政策能够给金融供给市场以良好的指导，让有价值的高技术企业获得发展机会。同时，通过政策引导，还能让高技术产业布局更加合理，更适合中国的国情条件，提升金融供给与其耦合性，从而推动高技术产业发展。

金融供给侧与高技术产业耦合协调发展中的政策导向形式主要体现为两方面：一是政策约束。政府站在全局的高度，通过制定、实施相关的金融供给政策、法规等，对金融供给机构的行为进行规范，并产生约束作用，确保金融供给与高技术产业的耦合发展走向公正、规范、科学的轨道。二是政策激励。主要是制定一系列扶持、鼓励政策来促进、引导金融供给与高技术产业发展的结合。在政府推动供给侧改革、支持创新发展的转型背景下，政府成为推动金融供给侧与高技术产业耦合发展的第一推力主体。

4.2.2.2　市场助力

经济发展以市场为导向，看似无规则的经济行为通过市场调节的作用，各要素资源基本能达到最优组合。市场的调整升级优化不断促进产业内物质能量、元素资源的更新与发展，价格、税率和利率等金融供给参数促使金融资源频繁流动，故市场是推进产业发展的重要动力源泉，也是推进金融供给与高技术产业耦合发展的神经中枢。纵观历次产业革命的发展经历，金融供给资本都呈现出逐利性的本质特征，总是在不停地寻找一个最佳的时机，进而一拥而上，为了其自身利益，总能及时地实施金融供给工具等创新，以降低其交易成本。在这一时期，金融供给资本与新兴的产业资本实现了初步融合，高技术产业与金融供给侧的耦合也遵循上述规律。在高技术产业发展过程中，金融供给资本和高技术产业资本之间的耦合发展基础为"资本增值"。因为就其市场本性而言，金融资本具有逐利性，正因如此，必然不会放过高技术产业这块蛋糕。通过支持高技术产业的发展，金融供给的产品和服务等资源都找到了服务的对象，从而促进了金融供给体系自身的深化、创新和发展。同样，高技术产业发展只有借助金融供给的力量，才能充分发挥范围经济、规模经济，达到高效率运转，获得最优市场绩效，并带来多重乘数效应，为产业自身带来巨大的创新收益。由此可见，在新常态经济大环境下，市场使金融供给等各资源要素在各部门之间的分配得到调节，使供给和需求趋向平衡，从而市场发挥自身作用，对经济以及产业结构进行调整，体现出高技术产业所具备的比较优势。综上，金融供给与高技术产业发展历程中，市场利益是两系统耦合发展的直接助力。市场极大地推动了金融供给与高技术产业发展的耦合，这是满足市场发展需求和利益需求的必然选择。

4.2.2.3 自身动力

金融供给侧、高技术产业自身所拥有的资源优势、发展需求等因素也是两系统耦合发展的关键动力。在高技术产业发展的过程之中，技术创新的重要性不言而喻。一项高技术落地成长前期主要包含了科技研发、初步试用、优化以及商品化等过程，在上述这一系列从研发到投产的过程中，高技术产业在资金方面的需求规模大，研发风险高，利润不确定，而且收回投资的期限较长，所以就会使得大量高技术企业发展遭遇瓶颈。但对于金融资本而言，却能够为其开拓一条全新的道路，突破其发展瓶颈。高技术企业属于资金的需求方，金融供给资本能够在其发展的所有阶段为其提供充足的资金。金融供给资本还可以以入股等方式优化高技术企业的管理结构和管理机制，给高技术产业发展带来新的动力和活力。

随着高技术产业的深度发展，其对金融资源的需求规模增大，对金融供给的质量和效率要求有所提升，金融供给服务的市场空间也会逐步拓展，针对高技术产业的金融供给产品会频繁出现，这又促进了金融供给机构业务的发展，推动了金融供给侧改革。而且，金融资源的供给方将资本供给高技术产业，其所获得的利润回报率普遍高于一般企业，金融供给能够获得较为丰厚的回报。金融供给侧与高技术产业耦合发展属于双赢局面，故无论是金融供给方还是高技术产业方，两方的自身发展需求动力是促进两系统耦合发展的内生动力。

4.2.3 金融供给侧系统与高技术产业发展系统耦合机制

在系统论中，系统间通过其要素以一定形式或途径融合构成一个复合有机整体，本章所述金融供给侧—高技术产业复合共生体是由金融供给侧子系统与高技术产业子系统构成的。金融供给侧子系统包括金融供给规模、金融供给结构、效率等控制参量。高技术产业发展子系统主要包括高技术产业投入、产出、发展等控制参量。

金融供给侧子系统内的参量以完成金融资源配置功能为目标，高技术产业子系统内的参量以完成产业发展功能为目标。子系统通过相互间能量流、物质流、信息流和价值流的交互传播，促进金融供给侧—高技术产业复合有机体的演进与发展。于是金融供给侧子系统提供了高技术产业子系统发展的物质资源保障，而高技术产业子系统提供金融供给侧子系统改革的适宜技术条件，同时又消化和处理了金融供给侧子系统产生的各种资源产物，复合体中两子系统相互交织、相互作用。

金融供给侧系统与高技术产业发展系统的耦合机制与两系统发展过程中的供需机制密不可分。金融供给侧供给函数表示为 $S = f(x_{1i})$，其中 S 表示金融供给机构为高技术产业发展提供的供给产出量，x_{1i} 表示金融机构生产要素的投入，如资金、人力、技术等($i = 1, 2, \cdots$)；高技术产业发展引发的金融需求函数表示为 $D = f(x_{2i})$，其中 D 表示高技术产业发展的金融需求总量，x_{2i} 为影响高技术产业发展金融需求的自变量，如产业投入、产业发展前景、产业替代品及竞争产品、产业规模等($i = 1, 2, \cdots$)。基于高技术产业发展中的金融需求和金融供给侧，针对高技术产业发展的金融供给形成一个供需机制的系统，高技术产业发展系统中变量的变化将导致其金融需求发生改变，需求的改变将会引发金融供给侧的金融供给调整[190]。另外，若金融供给侧针对高技术产业的金融供给因素发生改变，同样高技术产业发展中的金融需求系统也会发生调整变化，供需系统中序参量相互运动、相互合作，带动了高技术产业发展中金融需求曲线与金融供给侧中的金融供给曲线的移动与平衡。

在供需机制推动下，金融供给侧与高技术产业发展两子系统各自动态演化，具体演化过程之前已论述。两子系统通过能量传递、信息交换、功能交互共同演化形成高一级的“高技术产业发展—金融供给侧改革”复合系统。其中高技术产业发展和金融供给侧改革系统均为复合系统的子系统，其序参量推动、支配子系统的行为，并促使复合系统演化运动。各子系统内部有子序参量，金融供给侧子序参量和高技术产业子序参量是构成复合系统能量生产和交换的基本单位，序参量之间相互作用，通过系统传导各种信息、能量而发生关系，推动着子系统变化演进。序参量通过系统界面使金融供给侧与高技术产业两个相近相通又相差相异的系统形成动态互动，同时将互动之后产生的复合能量进行分配，从而构成耦合模式，这体现了子系统之间耦合协调的本质。两子系统形成和演化发展的外在环境以及序参量间的作用强度不同，将会影响系统演化的规模和速度。供需机制引发的系统运动和金融供给侧与高技术产业发展耦合机制引发的系统运动共同作用如图 4-2 所示。

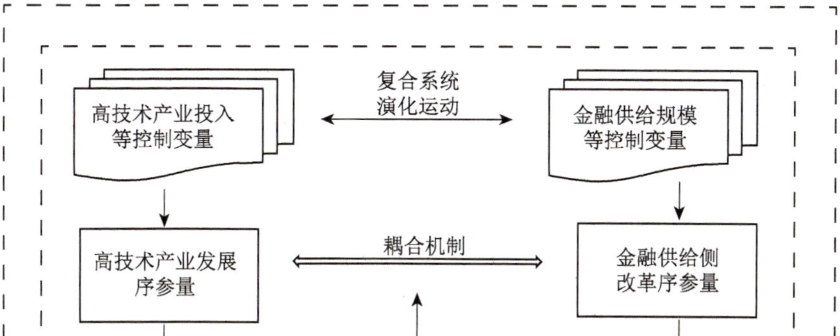

图 4-2　系统耦合机制

4.2.4 金融供给侧系统与高技术产业发展系统耦合规律

金融供给侧与高技术产业发展过程中的耦合形态一般呈现出如下规律：

4.2.4.1 共生耦合

共生的含义就是两种不同的事物密切关联、共同生存。共生类型依据双方获利与否分成三种：互利共生、偏利共生和寄生。高技术产业发展系统与金融供给侧系统的关系当前已经迈过寄生和偏利共生阶段，呈现出互利共生的状态。高技术产业吸收金融供给市场提供的资源并转化为成长血液，不断发展壮大，金融供给侧通过对高技术产业的投资获得高额回报。

一方面，互利共生表现为高技术产业的生存发展与金融供给密不可分，在其生命周期内需要不断在金融供给的支持下获取其发展所必需的资源要素。当前高技术产业主要是通过两个渠道从金融供给市场获取发展资金：一是信贷市场，主要通过贷款、债券等方式吸收发展资金，实现高技术产业的发展；二是资本市场，通过股票、风投等方式来募集高技术产业发展资本。“九五”至“十三五”规划期间，政府通过积极利用货币政策手段，优化金融供给市场，采取差别化的存款准备金率和利率政策，刺激信贷机构提高面向高技术产业放贷的金额和占比。在政策性金融的引导下，中国金融机构对高技术产业贷款总额逐步扩大，每年以将近10%的速度增长。另外，高技术企业发展过程中研发与经营风险相对较高，而贷款产品供给一般以安全性、稳定回报率为考虑前提，在信贷市场间接融资略显无力。由于高技术企业高风险、高回报率的特点，直接融资对其好处更多，高技术企业应加强在资本市场发行股票和吸收风投等融得资金，从而在金融供给的支持下获取最大利益。进入“十二五”规划时期后，资本市场有了快速的发展，一个较为成熟的证券市场交易体系已经初具雏形，股票发行和交易量逐年增加，股市流通市值也翻了近 20 倍，高技术企业在资本市场上的筹资额成倍增加。中国高技术产业的快速发展和资本市场的支持密不可分，主要表现为 2006—2015 年，中国包括高技术企业在内的新增上市公司 1 393 家，10 年内增长率为 97%。其中，2006 年，上市高技术企业占比不到 16%，而目前已经超过市场的五成。该数据显示，中国的高技术企业发展得益于资本市场的资金支持，尤其是资金需求量较大的高技术企业。高技术企业通过上市直接融资，有效地解决了自身发展资金短缺的问题，有力地促进了自身的技术创新和产品研发。

另一方面，互利共生表现为金融供给在对高技术投资中也获得了高额的回报，并深化了其内部发展。首先，对于金融机构贷款供给，一旦高技术产品研发成功，被市场接受后，独创产品的高使用价值能使产品拥有高市场占有率，企业能获得高额利润，给予金融贷款的回报也是丰硕的。其次，全球金融市场发展现状表明，资本市场将分散的社会游资集中到证券市场，为高技术企业研发、生产经营提供充足的资金，资本市场也获得蓬勃发展，两者实现了共赢。例如，2016 年，美国一家经营“手机即时通信应用”的网络科技高技术企业 Line 公司，通过纳斯达克证券市场，以发行价 32.84 美元/股，募集了超过 10 亿美元的资金，是当年募集资金规模最大的一次 IPO。纳斯达克是全球最著名的中小板市场，专门接纳高技术企业，为高技术企业的发展提供全球性的融资平台。同时，这些上市的高技术企业发展为纳斯达克市场的发展壮大起到了极大的促进作用，也给予投资者一份高额回报。正是双方的互惠共赢，推动着纳斯达克市场从 20 世纪 80 年代建立以来迅速成长为全球最著名的为高技术企业提供融资的资本市场。

高技术产业发展得益于金融供给市场的资源支持，金融供给市场也获得高额投资回报，且在高技术产业的支持下获得发展的深化与竞争力的提升。金融市场中供需两个主体互利共生，融合发展，以此来实现社会资源分配利用的效率最大化。

4.2.4.2 协同耦合

将两个或多个不同个体或资源整合起来，形成合力去完成一个共同的目标，这个过程就叫作协同。协同作用的具体体现是在事物的发展过程中，每个个体参数之间通过协调展开合作，形成拉动效应，促进事物整体的发展。协同能够带来全赢的结果，不但整体能力即协同性得以加强，整体发展得更好，其中的每个参数个体也受益，关联性得到增强。人类很早就认识到了协同的作用，并运用其来解决各种问题。在现代，协同理论的应用更加广泛，且获得了较快的发展。

金融供给侧与高技术产业发展两系统之间的协同效应也非常明显，在这种“互促联动”协同作用力的影响下，两系统都得以向积极方面发展，两系统内部的个体参数也获益较多。协同作用不是简单地保持着一致的状态，金融供给与高技术产业发展两个系统之间呈非线性的协调状态。一方面，匹配的金融供给将会增强高技术产业发展的核心竞争力，促进产业发展绩效的提升；另一方面，不断发展的高技术产业将会使金融供给获得持久、高额的投资回报，并促进其扩大供给规模、优化供给结构、提升供给效率。高技术产业与金融供给整体协同发展使社会资源配置更为优化，经济发展更为科学。要实现复合系统的整体功能大于两子系统功能之和，取得协同效应的最大化，就要降低金融供给与高技术产业发展的摩擦系数，减少不必要的摩擦行为，保障金融供给与高技术产业发展两个子系统的良性协同互动。金融供给与高技术产业发展的协同作用伴随高技术企业发展各个阶段。但在不同阶段，与高技术产业协同发展的金融供给主体亦不相同(见图4-3)，呈现出一定的规律，具体如下：

一是高技术企业初创阶段。初期研发经费，除了很少一部分内源资金外，主要依靠政策性金融扶持，也就是政府的财政扶持政策。在高技术企业创业初期，普遍存在着资金短缺的问题，但由于企业的经营高风险性、未来投资收益的不确定性和抗风险的低能力，商业性金

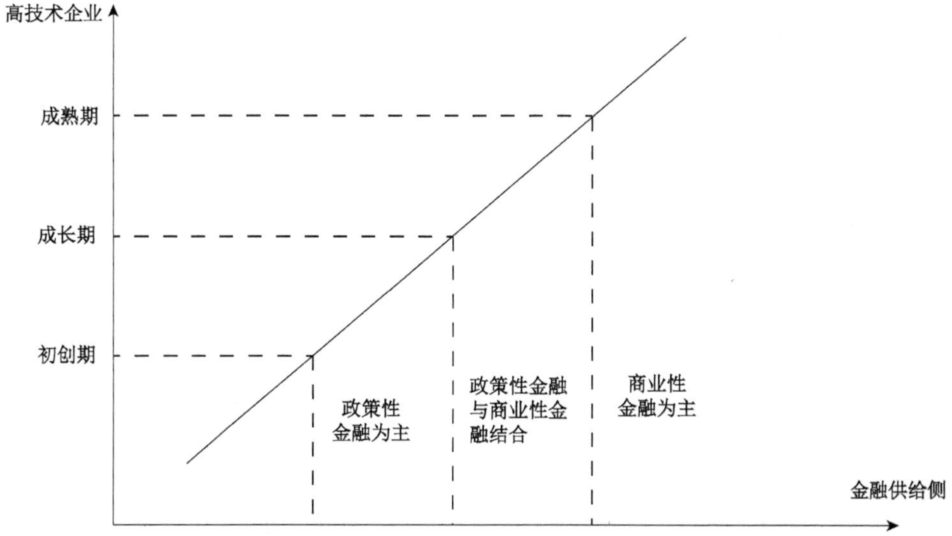

图 4-3　高技术产业发展不同阶段金融供给主体

融机构多数不愿与其开展贷款业务合作。另外,高技术企业此时也达不到上市直接融资的条件。这就使得处于创业初期的高技术企业融资非常困难。为了促进高技术企业发展,此时政府对商业性金融机构进行市场调控,高技术企业、金融供给机构与政府之间形成协同作用,协同结果体现在针对高技术产业发展的政策性金融供给的产生。政策性金融主要包括政府利用货币手段,通过制定一些有差别的存款准备金率、利率、贷款补贴等政策,推动商业金融机构加大对有潜力的高技术企业的资金投放量,解决高技术产业整体融资难、融资成本高的问题,促进高技术产业发展。等到企业发展到一定阶段,高技术企业优势出现,商业金融供给会逐步进入,政策性金融供给也可以适时退出,故在初期主要是政策性金融供给与高技术产业协同发展。

二是高技术企业成长阶段。这一阶段与高技术产业协同发展的金融供给主体包括政策性金融和商业性金融,两者将共同为高技术企业发展提供支持。商业性金融供给主要通过两个途径进入高技术产业:一是通过资本市场中风投等方式与高技术产业相融合并协同发展;二是通过金融机构、同行业间借款、信贷市场与高技术产业融合协同发展。商业性金融的加入,将社会闲置资源二次优化配置给高技术企业,实现了资源利用效率的最大化。同时,高技术产业通过与政策性金融和商业性金融的协同发展作用获得更高效率的发展,既完善了金融供给结构,也优化了产业发展结构,更加科学合理地利用社会资源促进整体的发展壮大。金融供给与高技术产业的协同发展,发挥了 $1+1>2$ 的辐射效应。

三是高技术企业成熟阶段。这个阶段,高技术企业通过规划发展与战略投资,往往已具备了一定优势,商业金融供给将会占据主体地位，政策性金融供给也会适时退出，故主要为商业性金融与高技术产业协同发展。此阶段高技术企业融资渠道比较广，除了一定规模的内源资金外，还可以通过上市发行新股、增发的手段，从证券市场上大规模地募集所需发展资金。如此，一方面，可以优化高技术企业的资本结构，降低产业发展风险，增强高技术产业整体发展潜力；另一方面，投资者通过资本市场投资优质高技术企业，通过高效率的投资获得丰厚的投资回报，资本市场发展也更为活跃。总体上高技术产业和商业金融供给协同发展，实现了社会分散资源利用效率的最大化。此外，由于高技术企业实力雄厚，抗风险能力强，信息披露完整，也可以在信贷市场通过贷款、发行债券等手段来筹集发展资金，以稳定的收益回报给贷款供给方，实现高技术产业和金融供给方的协同发展。在这个阶段，金融供给方中资本市场与信贷市场和高技术产业两个系统之间产生协同作用[191]，前者通过引导、支持后者，获得了投资回报经济收益以及金融供给规模、金融供给效率的提升；后者获得了急需的发展资金，从而得以发展壮大，提升了竞争实力。协同发展整体实现了社会资源利用效率的优化，推动了社会经济发展。

4.2.4.3　聚合扩散耦合

聚合扩散耦合规律主要从两方面体现：一是金融供给发挥了促进高技术产业聚合扩散发展的作用，另一方面是高技术产业发展促进了金融供给的聚合扩散。具体表述如下：

第一，金融供给促进高技术产业资源等要素集聚的形成从而发挥扩散效应。首先，金融具有聚集资金的核心功能，可以通过将分散的、闲置的资金聚集到高技术企业，发挥为高技术企业雪中送炭和输血效应。其次，金融可以聚合银行机构、政府部门、证券机构、风投及股权投资、互联网等多方主体供给资源，定向精准支持高技术产业发展。金融供给的导向作用加快了高技术人才的聚合、创新技术的聚合和投资资本的聚合，并形成了技术合作、技术交易、技术信息交流的聚合网络关系。从而通过聚合网络强化技术扩散的外部性作用机制，使得聚集的高技术企业能够及时吸收高技术创新成果。同时金融供给使高技术产业发展中兼并、重组更为方便，通过金融供给市场的股权交易，高技术企业可以实现参股、控股、兼并、收购等重大事项。聚合作用的优势一旦出现，就会产生虹吸作用，带来更多市场要素和创新技术资源的聚合，改变以往技术资源流通在空间、时间等诸多方面的限制，吸引更多市场主体的加入，使得高技术产业的规模得到扩散发展。当这种聚合扩散作用达到一定程度时，高技术产业将会突破发展瓶颈，如原材料价格、人工成本等资金限制，产品的边际收益降低等不利因素，实现产业纵向和横向的延伸发展。竞争力强的优势企业将借此扩展自身规模，提升高技术产业运行的整体效率，并且扩散机制使得高技术产业以链条形式带动其他产业发展。之后金融供给会将其资源和要素扩散到高技术产业发展的更高阶段并再次发挥聚合扩散的作用。由此可以看出，金融供给与高技术产业的耦合过程存在着“聚合并扩散”的规律。

另一方面，高技术产业聚合为金融供给聚合提供了平台，加速了金融供给资源的聚合。主要体现在一定范围内金融供给主体数量的增加、供给资源种类的增加、供给规模的扩大、供给结构的优化、供给制度的完善等。金融供给资源逐步成为高技术产业发展的动力性条件和重要力量，并对高技术产业发展起支撑作用。金融供给资源一旦形成聚合，就能发挥其规模效应和外部范围经济的优势，促进新金融供给主体的衍生，促进金融供给效率的提高，从而使金融资源聚合的规模不断扩张，体现出聚合的扩散机制。

综上分析，金融供给侧系统与高技术产业系统在三大动力系统的支撑下，相互影响，共同发展，呈现出显著的耦合关系，见图 4-4。

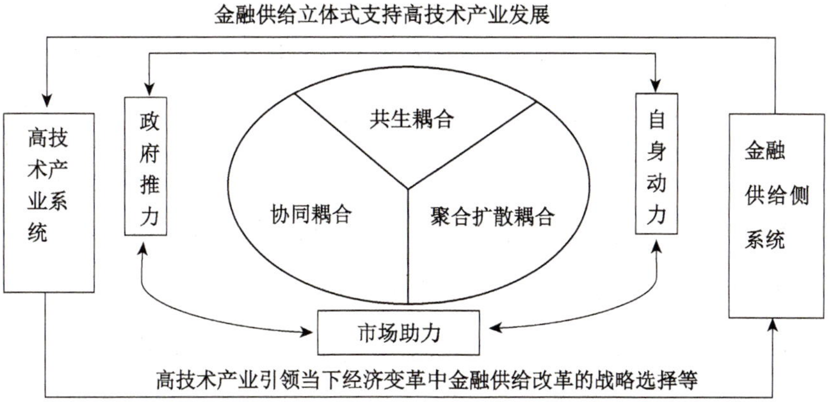

图 4-4　金融供给侧系统与高技术产业系统耦合关系

本 章 小 结

本章研究的核心是引入动态耦合概念，分析阐述高技术产业发展与金融供给侧的复杂关系。首先基于动态演化理论，揭示金融供给侧系统与高技术产业发展系统的复杂演化过程，将高技术产业发展和金融供给侧归置在特定的时空情境中来分析二者的演化，对其在特定时、空维度中的演化过程进行考察，并分析两系统在此过程中具体表现出来的特征，两系统的动态演变过程呈现出非线性、递进性、多层嵌套等特征。具体来讲，金融供给侧的时间演变显示由实物货币到信用货币，再到非货币金融工具，由低级到高级发展的演变模式。期间呈现出鲜明的演变特点，金融供给主体与工具逐渐丰富与多样化。金融供给空间演化的核心内容是金融供给机构组织形式的空间拓展和金融供给业务等活动的地理集中。高技术产业在空间维度上的演变体现在起步于高技术企业的规模效应发展，发展于凸显的集聚效应及乘数效应的产业层面，最终将拓展升级于“高技术经济”。高技术产业发展时间维度的演变主要体现在高技术产业生命周期内的产业循环盘升式的发展，其中包括高技术产业萌芽期、高技术产业发展成长期、高技术产业发展成熟期、高技术产业突破期或衰退期等阶段。其次是耦合概念的提出以及对高技术产业发展与金融供给侧耦合的内涵进行界定，并分析了金融供给侧与高技术产业发展两系统耦合的推动力，政府通过公共政策的产生、输出、执行以及修正、调整，更好地引导市场，以有形之手配合无形之手指导金融供给与高技术产业形成耦合发展，加之市场助力和两系统自身发展动力，在一系列多维度力量的相互作用下，两系统呈现耦合发展的状态。再次，在了解金融供给侧与高技术产业发展两系统耦合的推动力的基础上，重点厘清金融供给侧与高技术产业发展之间的耦合机制，即两个经济系统之间协同、匹配等复杂互动关系的发生机制。最后从共生、协同、聚合扩散角度论述金融供给侧与高技术产业系统耦合的一般规律。

本章创新之处在于对金融供给侧与高技术产业发展两系统在时间、空间两个维度的动态演变进行了系统的论述，厘清了金融供给侧与高技术产业发展两系统协同耦合发展的轨迹和耦合发展的机制。

第五章　高技术产业发展与金融供给侧耦合实证评价

高技术产业发展系统与金融供给侧系统处于动态耦合发展之中，下面结合高技术产业系统和金融供给侧系统相关年度数据开展实证评价分析。

5.1　系统动态耦合协调模型

5.1.1　模型构建理论概述

金融供给侧系统与高技术产业发展系统并非处于各自封闭的状态，而是内部参数之间持续进行互动交换，交换内容包括有形的物质以及无形的信息和能量等。同时，参数交换过程中相互影响，相互协调，实现共生耦合、协同耦合、聚合扩散耦合，通过耦合机制两个子系统升级成一个动态的、复合型的、更高层次的系统。一方面，金融供给侧系统为高技术产业发展提供金融资源，这既为高技术产业技术创新提供了资金保障，同时增强了高技术产业抗风险能力，从而保证了高技术产业的生存并促进其发展。另一方面，高技术产业发展促进了金融深化与变革。高技术产业在其发展过程中对金融供给运作方式与机制提出了改进与完善，从而提高了金融资源管理能力、金融数据处理能力和金融信息汇聚能力，高技术产业发展成为助推金融供给、提高服务经济社会效率的动力，鲜明地体现出高技术产业引领新型金融供给模式的特点。

金融供给侧系统与高技术产业耦合协调发展时，两系统动态地反馈信息，双方实现耦合共生。金融供给侧与高技术产业发展的耦合协调作用力将会成为传统金融供给升级的引擎、高技术产业发展的保障，但当两系统不能耦合发展时，则会引起发展机制由彼此的促进作用转为胁迫作用。

为有效促进金融供给侧的改革实践和高技术产业系统的发展，探究金融供给侧与高技术产业两系统的相互作用机制，本章基于系统相关理论，研究考虑从系统静态发展和动态耦合协调层面建立系统动态耦合模型。在立体模型框架内，以系统发展状况衡量两系统静态发展状态，以系统耦合关联度衡量两系统动态关联融合状态，以耦合协调度立体定量表示复合系统的协调发展状况，并在时间维度层面分析中国金融供给侧与高技术产业发展两系统的演变及协调发展规律。

5.1.2 具体模型构建

模型构建可以使高技术产业系统和金融供给侧系统的发展匹配状况予以更科学的定量表示，依据耦合理论以及耦合理论运用实践[192]，构建系统计算模型如下：

5.1.2.1　系统发展状况

金融供给侧和高技术产业发展两系统各自包括不同的序参量，外部面临的环境因素也有较大的差异，起步时间和发展水平差距也较大。两系统只有配合发展，才能使整体关系保持良性演进的状态。评估两系统互动关系及耦合状况，首先须明确两系统各自发展状况指数。其一是金融供给侧发展状况指数 F，表征金融供给侧系统的发展水平：

$$F = f(x) = \sum_{i=1}^{m} a_i x_i,\ \sum_{i=1}^{m} a_i = 1 \tag{5-1}$$

式中，m 为金融供给侧系统准则层的指标数量，m 取值 3；x_i 为金融供给侧系统的各影响序参量；a_i 为系统准则层序参量的赋权值。

其二是高技术产业发展状况指数 H，表征高技术产业发展水平：

$$H = g(y) = \sum_{j=1}^{n} b_j y_j,\ \sum_{j=1}^{n} b_j = 1 \tag{5-2}$$

式中，n 为高技术产业发展系统准则层序参量数量，取值 3；y_i 为高技术产业发展系统内与金融供给侧系统相关的影响参量；b_j 为系统准则层序参量赋权值。另外，由于金融供给侧与高技术产业两系统发展呈现依托性、动态性与协同性的特点，因而考虑定量分析两系统的综合发展水平，计算系统整体发展程度，从而反映金融供给侧系统和高技术产业发展系统在同一时间区域内互动演化发展的趋势及效果。

$$T = \alpha f(x) + \beta g(y) \tag{5-3}$$

式中，T 为金融供给侧系统与高技术产业发展系统综合发展度；α、β 为分析发展度时赋予两系统的权重，且 α、$\beta \in [0, 1]$；$f(x)$ 为金融供给侧发展状况指数；$g(y)$ 为高技术产业发展系统发展状况指数。

5.1.2.2 系统耦合关联程度

高技术产业发展与金融供给侧耦合是指两系统之间通过内外环境中各种元素相互依托、相互关联而交错影响的现象，其影响程度决定了系统在达到临界区域时走向何种序与结构，表征了两系统糅合后的动态发展关系。本书使用耦合度量化评价金融供给侧与高技术产业系统间的协同交错影响关系，计量分为两部分：首先在理论分析金融供给侧与高技术产业发展系统耦合作用机理的基础上，遵循系统学中系统演化逻辑，构建系统动态耦合模型，测量复合系统间耦合关联程度；其次糅合耦合关联度与系统发展状况，计量系统耦合协调度并分析两系统发展演变路径。构建耦合模型如下。

金融供给侧和高技术产业发展均为高阶非线性系统，其演化方程式为

$$\frac{\mathrm{d}x(t)}{\mathrm{d}t} = f(x_1, x_2, \cdots, x_n) \tag{5-4}$$

式中，$f(x_1, x_2, \cdots, x_n)$ 为 $x_i(i = 1, 2, \cdots, n)$ 的非线性函数。在 $x = 0$ 处按泰勒级数展开：

$$f(x) = f(0) + \sum_{i=1}^{n} a_i x_i + R_1(x) \tag{5-5}$$

其中，$f(0) = 0$，a_i 为 $f(x_1, x_2, \cdots, x_n)$ 关于 x_i 的偏导函数在 $x = 0$ 处的值：

$$a_i = \frac{\partial f^{(i)}(0)}{i!} x_i^{i-1} \tag{5-6}$$

$R_1(x)$ 为不低于二次方的解析函数。由系统稳定性理论可知，一

次线性系统特征根的稳定性是非线性系统的运动稳定性的关键，从效率考虑去除式中的高次项 $R_1(x)$，式(5-7)为近似线性表达式，并对此展开进一步讨论：

$$\frac{\mathrm{d}x(t)}{\mathrm{d}t}=\sum_{i=1}^{n}a_i x_i,\ i=1,\ 2,\ \cdots,\ n \tag{5-7}$$

可据式(5-7)评价复合非线性系统的状态。同时建立金融供给侧系统(F)与高技术产业发展系统(H)演变过程表达式：

$$\begin{cases} f(F)=\sum_{i=1}^{m}a_i x_i \quad i=1,\ 2,\ \cdots,\ m \\ f(H)=\sum_{i=1}^{n}b_i y_j \quad j=1,\ 2,\ \cdots,\ n \end{cases} \tag{5-8}$$

式中，a、b 分别为两系统序参量的权值；x、y 分别为子系统的相关序参量参数值。考虑两系统的动态耦合发展，应将子系统间动态耦合关系综合分析，故将金融供给侧与高技术产业子系统整合进行分析，按照贝塔朗菲的一般系统理论，复合系统中主要部分包含参数 $f(F)$ 和 参数 $f(H)$，该复合系统的演化函数表达式为：

$$\begin{cases} A=\alpha_1 f(F)+\alpha_2 f(H) \\ B=\alpha_3 f(F)+\alpha_4 f(H) \end{cases} \tag{5-9}$$

式中，A、B 为金融供给侧系统与高技术产业发展系统在受到自身及外界影响后即各序参量共同影响下的耦合演化状态，V_A、V_B 为金融供给侧系统与高技术产业发展系统在受到自身及外界影响后的演化速度：

$$V_A=\frac{\mathrm{d}A}{\mathrm{d}t} \qquad V_B=\frac{\mathrm{d}B}{\mathrm{d}t} \tag{5-10}$$

复合系统的演化研究呈现出 S 形发展机制，金融供给侧系统与高技术产业发展系统的演化在宏观尺度上呈现出周期性，整个系统的演化速度的变动是由 V_A、V_B 引起的，因此可以用两子系统演化速度矢量夹角的正切值表征系统耦合关联度，即：

$$\theta = \arctan(V_A/V_B) \tag{5-11}$$

为使金融供给侧系统与高技术产业发展系统耦合关联度与系统发展度的量化指数具有可比性，对式(5-11)进行转换，具体为对 θ 的角度值转化为弧度值，并进行平移变换，得到：

$$C=\begin{cases}\dfrac{\theta}{2\pi}+0.72 & \theta\in\left[0,\ \dfrac{\pi}{2}\right]\\[2ex] 0.75-\dfrac{\theta}{2\pi} & \theta\in\left(\dfrac{\pi}{2},\dfrac{3\pi}{2}\right)\\[2ex] \dfrac{\theta}{2\pi}-0.25 & \theta\in\left[\dfrac{3\pi}{2},\ 2\pi\right]\end{cases} \tag{5-12}$$

式(5-12)中，C 为金融供给侧系统与高技术产业发展系统耦合关联度。为便于比较评价，将耦合度 C 的取值稳定在[0, 1] 内。

5.1.2.3 系统动态耦合协调程度

以上分析为从动态、静态两个角度衡量金融供给侧系统与高技术产业发展系统的协同发展状况。为糅合两系统动、静两个层面的状况，从而更科学地评价两系统耦合协同效果，本节引入系统耦合协调度 D，其计算公式为：

$$D = T^p C^q \tag{5-13}$$

式中，p、q 为评价两系统耦合协调度时系统综合发展度与耦合关联度所占的权重，取 $p=0.5$，$q=0.5$。系统耦合协调度既体现了金融供给侧系统与高技术产业发展系统相互影响作用下复合系统的系统发展状况，又呈现两系统的耦合关联状况，以全面、有效、立体地反映复合系统的耦合协调状况。耦合协调度评价等级划分见表5-1[192]。

表 5-1　系统耦合协调度等级划分

耦合协调度等级		
耦合协调度	评价大类	评价亚类
[0.90，1.00]	高度协调	优质耦合发展
[0.80，0.90)		良好耦合发展
[0.70，0.80)		中度耦合发展
[0.60，0.70)	基本协调	初级耦合发展
[0.50，0.60)		勉强耦合发展
[0.40，0.50)	濒临失调	濒临失调衰退
[0.30，0.40)		轻度失调衰退
[0.20，0.30)	失调衰退	中度失调衰退
[0.10，0.20)		严重失调衰退
[0，0.10)		极度失调衰退

5.2　中国金融供给侧发展与高技术产业发展耦合程度实证分析

5.2.1　两系统发展状况指数实证分析

根据前述步骤，对两系统各序参量原始数据进行标准化处理，并由式(5-1)、式(5-2)计算金融供给侧发展状况指数 F 和高技术产业发展状况指数 H,结果见表 5-2。

表 5-2 金融供给侧与高技术产业发展状况指数

序号	年份	F	H
1	1996	0.017 754	0.099 005
2	1997	0.017 590	0.106 330
3	1998	0.016 132	0.100 898
4	1999	0.018 285	0.101 161
5	2000	0.025 001	0.112 535
6	2001	0.029 634	0.112 243
7	2002	0.041 818	0.114 137
8	2003	0.052 647	0.126 232
9	2004	0.068 189	0.128 304
10	2005	0.078 231	0.136 681
11	2006	0.082 262	0.150 010
12	2007	0.119 727	0.152 422
13	2008	0.141 097	0.153 389
14	2009	0.162 307	0.162 178
15	2010	0.212 632	0.188 464
16	2011	0.263 566	0.186 096
17	2012	0.336 535	0.205 426
18	2013	0.386 811	0.207 114
19	2014	0.435 370	0.213 116
20	2015	0.494 411	0.244 261

根据两者指数值的年际变化作出演化曲线，以反映金融供给侧发展状况指数 F 和高技术产业发展状况指数 H 的演化趋势，见图 5-1。

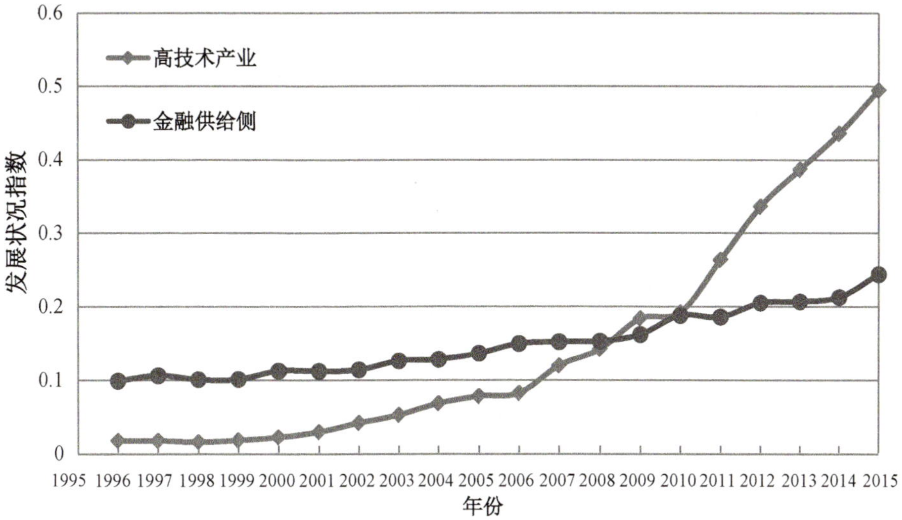

图 5-1　金融供给侧与高技术产业发展状况指数

由图 5-1 可以看出，高技术产业发展状况指数 H 呈现出逐年增长的态势。金融供给侧发展状况指数 F 总体也呈现上升趋势，但高技术产业发展平均增速高于金融供给侧发展平均增速，两系统发展水平均有较大上升空间。具体来讲，高技术产业发展状况指数 H 的增速比较明显，2006 年后较前一阶段提速明显；金融供给侧在 2008 年前呈现低速增长态势，在 2008 年附近发展比较平缓，甚至略有下降趋势，2010 年后基本逐年递增但增长缓慢且有轻微波动，2014 年后增长幅度较之前有明显提高。结合两系统发展比较分析，高技术产业发展起步较晚，在 2000 年前发展水平较低，增速也较平缓，而金融供给相比高技术产业早期发展较迅速，但2009年后高技术产业发展状况指数 H 的值明显高于金融供给侧发展状况指数 F 的值，且两系统发展水平差距呈现递增趋势，2010—2015年的5年内，高技术产业系统的发展状况仍明显优于金融供给侧发展状况，2015年后的时段内两指数发展斜率趋势近似。

通过分析可知，2007年以前，中国金融发展通过产权改革引进战略投资者，实行股权多元化，优化金融机构约束机制和激励机制，减少政府部门、地方政府的干预等一系列改革措施的实施，使得金融功能逐步回归，金融发展呈现良性上升态势。而2008年左右，金融发展出现了明显的增长缓慢期，甚至出现下滑拐点，原因在于众所周知的世纪性金融危机。2007年年初，美国次级抵押贷款机构申请破产保护，从而引发次贷危机，2008年后，美国次贷危机转化为严峻的全球性金融危机。随着危机不断蔓延至欧洲、亚洲和澳大利亚，包括中国在内的各国金融市场遭受重创，全球金融体系陷入混乱。具体表现为世界各地股市剧烈震荡，金融机构遭遇严重的经营危机，大批金融机构陷入倒闭漩涡。自2007年年初到2008年第四季度，中国内地的上证指数、香港的恒生指数跌幅均达到30%左右。同时相当数量的外国金融供给机构在这次危机的巨大冲击中被迫抛售海外资产以收回投资。但其减少损失的行为却对中国资本市场的稳定性产生了一定程度的影响，中国金融机构信用危机凸显，金融信用链条脆弱，银行不良资产大幅增加。同时作为持有美国债券金额数量较多的国家，由于美元价值的贬损等，造成中国财富的缩水，凡此种种，使得中国金融业承受了一定的损失。但是由于中国政府的积极干预引导，金融危机未能使中国金融供给发展出现巨大的断层式下滑，同时中国政府采取了相对应的一揽子经济刺激计划措施，并初见成效。2009年之后金融发展下行风险逐步消失，市场对金融经济的信心都逐渐恢复，但金融发展已明显放缓。同时另一方面，2006—2015年，伴随产业结构持续优化、产业升级与经济结构调整，“中国制造”向“中国创造”转变，中国高技术产业快速崛起，成为国民经济发展的新兴力量，高技术产业发展规模以及发展程度均呈现大幅增长态势。无论是高技术产业发展中各类研究与发展经费的投入、各类高技术人才的增加，还是中国高技术产业主营业务收入、利润总额、专利等各项产出，均呈稳步增长的繁荣之势。

综合对比两系统发展状况，高技术产业早期发展模式单一，对金融资源依赖性强，体现出一种粗放式的缓慢增长。后期国家产业政策调整，高技术迅速发展。而金融供给侧受到国际金融危机的负面影响，一度发展水平较低，发展状况波动频繁，虽逐步恢复上升趋势，但明显落后于高技术产业的发展增幅。金融供给侧系统是高技术产业系统发展的重要基础，对高技术产业发展的支持作用具有长期性。在金融供给得到改善的基础上，2009年后中国高技术产业发展进程进入了新阶段。金融供给侧系统虽然在发展进程中滞后于高技术产业发展系统，但其一直发挥对产业资金集聚和产业发展扩散的综合作用，对高技术产业发展系统的助推作用较强，使得该系统发展更为迅速。在对金融供给侧与高技术产业发展状况分别进行分析后，还要考虑两系统综合发展状况，表5-3显示了系统综合发展度T，在两系统互相促进、互为因果关系的基础上，系统综合发展度T在1996—2015年基本上呈现稳步上升之势。

表 5-3 金融供给侧与高技术产业系统发展度

年份	F	H	系统综合发展度 T
1996	0.017 754	0.099 005	0.058 379
1997	0.017 590	0.106 330	0.061 960
1998	0.016 132	0.100 898	0.058 515
1999	0.018 285	0.101 161	0.059 723
2000	0.025 001	0.112 535	0.068 768
2001	0.029 634	0.112 243	0.070 939
2002	0.041 818	0.114 137	0.077 977
2003	0.052 647	0.126 232	0.089 440
2004	0.068 189	0.128 304	0.098 247
2005	0.078 231	0.136 681	0.107 456
2006	0.082 262	0.150 010	0.116 136
2007	0.119 727	0.152 422	0.136 075
2008	0.141 097	0.153 389	0.147 243
2009	0.162 307	0.162 178	0.162 243
2010	0.212 632	0.188 464	0.200 548
2011	0.263 566	0.186 096	0.224 831
2012	0.336 535	0.205 426	0.270 980
2013	0.386 811	0.207 114	0.296 963
2014	0.435 370	0.213 116	0.324 243
2015	0.494 411	0.244 261	0.369 336

5.2.2　两系统耦合关联度实证分析

为了计算金融供给侧（F）和高技术产业（H）综合发展指数的演化速度，对特异性值进行处理，将两曲线进行幂函数、指数函数、多项式等函数拟合，最终两系统表达式及拟合曲线（见图 5-2）如下：

$$\begin{cases} R = f(F,\ t) = 0.002t^2 - 0.017\,7t + 0.052\,8 \\ U = f(H,\ t) = 0.000\,3t^2 + 0.000\,6t + 0.098\,7 \end{cases} \quad t = 1,\ 2,\ \cdots,\ 20 \tag{5-14}$$

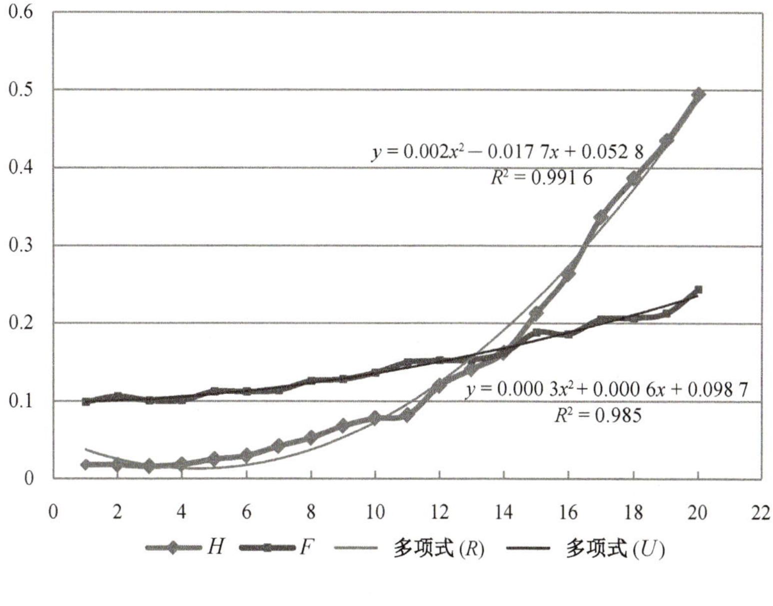

图 5-2　金融供给侧系统与高技术产业系统发展拟合曲线

通过上述公式计算出金融供给侧和高技术产业发展指数的演化速度为 V_F 和 V_H，同时根据公式进一步计算 $\tan\theta$ 和 θ 值，并据此计算出两系统发展动态耦合关联度指数（见表 5-4）。

$$\begin{cases} V_F = 0.004\,t - 0.017\,7 \\ V_H = 0.000\,6t + 0.000\,6 \end{cases} \quad t = 1,2,\cdots,10 \tag{5-15}$$

表 5-4 系统耦合关联度

	V_F	V_H	$\tan\theta$	θ(弧度)	θ(弧度正值)	耦合关联度 C
1996	−0.013 7	0.001 2	−11.416 700	−1.483 430	4.799 757	0.513 905
1997	−0.009 7	0.001 8	−5.388 890	−1.387 320	4.895 869	0.529 202
1998	−0.005 7	0.002 4	−2.375 000	−1.172 270	5.110 911	0.563 427
1999	−0.001 7	0.003 0	−0.566 670	−0.515 550	5.767 636	0.667 948
2000	0.002 3	0.003 6	0.638 889	0.568 525	0.516 954	0.840 483
2001	0.006 3	0.004 2	1.500 000	0.982 794	0.776 721	0.906 416
2002	0.010 3	0.004 8	2.145 833	1.134 701	0.848 415	0.930 593
2003	0.014 3	0.005 4	2.648 148	1.209 729	0.880 026	0.942 534
2004	0.018 3	0.006 0	3.050 000	1.253 972	0.897 602	0.949 576
2005	0.022 3	0.006 6	3.378 788	1.283 046	0.908 746	0.954 203
2006	0.026 3	0.007 2	3.652 778	1.303 579	0.916 429	0.957 471
2007	0.030 3	0.007 8	3.884 615	1.318 841	0.922 041	0.959 900
2008	0.034 3	0.008 4	4.083 333	1.330 625	0.926 319	0.961 776
2009	0.038 3	0.009 0	4.255 556	1.339 997	0.929 686	0.963 267
2010	0.042 3	0.009 6	4.406 250	1.347 626	0.932 406	0.964 481
2011	0.046 3	0.010 2	4.539 216	1.353 958	0.934 647	0.965 489
2012	0.050 3	0.010 8	4.657 407	1.359 296	0.936 526	0.966 339
2013	0.054 3	0.011 4	4.763 158	1.363 857	0.938 125	0.967 065
2014	0.058 3	0.012 0	4.858 333	1.367 800	0.939 501	0.967 692
2015	0.062 3	0.012 6	4.944 444	1.371 241	0.940 697	0.968 240

数据显示，1996 年以来中国金融供给侧与高技术产业耦合关联度在 0.51～0.97 之间，整体呈现上升趋势。初期阶段两系统耦合关联度数值较低，说明两系统发展耦合关联关系较弱。在 1998—2002

年间这个阶段两系统耦合关联度发生飞跃，斜率较为陡峭，增速明显，变化幅度较大，表明金融供给侧发展与高技术产业发展耦合关系迈上了新台阶，说明两系统之间在一定程度上实现了相互影响、互为因果、互动发展。金融供给侧与高技术产业系统耦合发展后期整体一直保持较高的关联度，耦合关联度稳定在 0.96 左右。两系统在市场经济发展的不同阶段，其耦合关联的程度和等级也存在差别。参照对耦合关联度划分的相关研究结论，系统耦合的演变可分为以下几个等级：耦合关联度 $C=0$，表示两系统无关联且无序发展；$0<C\leqslant 0.3$，表示两系统低度耦合关联；$0.3<C<0.5$，表示复合系统勉强耦合关联；$0.5\leqslant C<0.8$，表示复合系统进入中级耦合关联等级；$0.8\leqslant C<1$，表示复合系统处于高水平耦合关联；$C=1$，表示复合系统达到耦合共振。中国金融供给侧与高技术产业系统耦合关联度表明两系统耦合经过磨合阶段后，已经成长为高水平耦合关联，两系统相互关联、相互影响作用显著。

两系统耦合关联发展态势进一步可划分为三个阶段：1998 年以前，金融供给侧与高技术产业耦合关联度较低，耦合关联度在 0.51～0.56 之间。该阶段中国高技术产业处于发展初期，无论在产业投入还是产业产出方面均属于保守阶段，当然对于金融供给侧的反哺作用也不明显。1998 年，中国高技术产业总产值对国民经济增长的贡献率较低，其产值仅占工业生产总值的 8%，而同期西方发达国家高技术产业的产值占工业生产总值的比例达到了 35%的水平；中国 R&D 投入支出占销售额的比重为1.4%，同期西方发达国家平均研发支出占销售额的比重为 5%以上，研发投入不足，需要加大 R&D 投入力度。从金融供给方面观察，针对高技术产业的资金供给主要以拨款和银行信贷为主，而风投或其他资本市场直接供给高技术产业的资金很少，当然此阶段金融资本市场也处于起步期，发展并不成熟。在1998年中国高技术产业发展过程中，自筹资金占56%，计划拨款占21.6%，银行贷款占5.2%，而风险资金占2.3%。这种金融供给结构与高技术产业发展的要求相距甚远，故在此期间，两者显现出较低的耦合关联度。高技术产业发展与金融供给脱节，使得高技术产业发展中多项成果搁置在研发阶段，科技成果转化率仅为20%，低于欧洲各国平均62%的水平，更是远远低于美国85%的转化水平。金融供给侧对高技术产业支持的功效不突出，高技术产业发展的技术创新推动力不足，使其在国际竞争中处于十分不利的地位。

第二阶段是1998—2001年，该阶段高技术产业发展比较迅速，全国高技术产业研发支出由564 501万元上升到1 869 660万元，增速约为231%，而金融供给也实现了较快发展，经过二十多年的金融市场化改革，金融供给取得了令人瞩目的成效，对高技术产业的支持大幅度上升，变化显著。故这一阶段高技术产业发展与金融供给耦合关联度逐年上升，由0.563 427上升到0.906 416，高技术产业发展与金融供给的关联性显著提升，呈现出台阶式迈进。

第三阶段是2002年至今，高技术产业发展与金融供给侧耦合一直处于0.9以上的高度关联，且耦合关联度呈现逐年提升之势。这说明两系统相互影响，实现了共生融合发展。高技术企业数量年均增长8%左右，高技术从业人员、主营业务收入等都实现大幅度增长，而金融供给侧虽然受到国际金融危机的波及，金融发展受挫放缓，但两系统耦合关联度一直较强。2010年之后，国家开始鼓励创新，产业经济的转型升级和供给侧结构性改革使高新技术发展逐步成为市场经济发展的新兴力量。同时，金融供给环境优化，金融供给产品增多，金融供给服务提升，金融供给创新频繁，金融供给侧与高技术产业两系统的发展速度总体上呈现出上升趋势，实现了两者间相互影响、协同耦合、共生发展，因此耦合关联度持续上扬。值得提出的是，经过 2008 年金融危机以后，金融市场不断修复，金融供给侧不断改革，高技术产业的发展成为金融发展的助力催化剂，电子、网络、通信等高技术使得金融供给改革效果明显，金融供给侧呈现出日新月异的变化，新产品与新服务频出，融资渠道通畅度提升，金融贷款的比重逐步趋向科学化。同时，金融供给侧改革也凸显出对高技术产业的支持，2009 年《创业板市场投资者适当性管理暂行规定》正式发布实施，同年 9 月中旬，中国证监会宣布召开首次创业板 7 家企业发布评审会。迄今为止，创业板仍为高技术企业资本筹资优化不可或缺的平台，共有近 300 家高新技术企业成为创业板的主体成员。同时，风险投资基金陆续进入中国高技术产业市场，香港 AVCJ（亚洲创业基金期刊集团）研究透露，2014 年中国高科技方面吸纳的风投基金高达 60 亿美元（按当时汇率约合 384 亿元人民币），相较于 2013 年的 28 亿美元（按当时汇率约合 180 亿元人民币）翻了一番。高技术产业呈现出跨越式增长，科技银行等一系列金融供给改革使得政策性金融与商业金融复合体系初步形成，高技术产业融资摆脱单一化渠道。同时，中国的金融市场逐步回暖复苏，国家产业政策逐步优化，高技术产业和金融供给侧实现高度耦合关联发展。

5.2.3　两系统动态耦合协调度实证分析

根据以上步骤得系统综合动态耦合协调度如表 5-5 所示。

表 5-5　系统耦合协调度

年份	系统综合发展度 T	系统耦合关联度 C	系统耦合协调度 D	耦合协调度等级
1996	0.058 379	0.513 905	0.173 209	严重失调衰退
1997	0.061 960	0.529 202	0.181 078	严重失调衰退
1998	0.058 515	0.563 427	0.181 573	严重失调衰退
1999	0.059 723	0.667 948	0.199 729	严重失调衰退
2000	0.068 768	0.840 483	0.240 412	中度失调衰退
2001	0.070 939	0.906 416	0.253 574	中度失调衰退
2002	0.077 977	0.930 593	0.269 379	中度失调衰退
2003	0.089 440	0.942 534	0.290 344	中度失调衰退
2004	0.098 247	0.949 576	0.305 439	轻度失调衰退
2005	0.107 456	0.954 203	0.320 211	轻度失调衰退
2006	0.116 136	0.957 471	0.333 462	轻度失调衰退
2007	0.136 075	0.959 900	0.361 411	轻度失调衰退
2008	0.147 243	0.961 776	0.376 317	轻度失调衰退
2009	0.162 243	0.963 267	0.395 326	轻度失调衰退
2010	0.200 548	0.964 481	0.439 801	濒临失调衰退
2011	0.224 831	0.965 489	0.465 910	濒临失调衰退
2012	0.270 980	0.966 339	0.511 721	勉强耦合发展
2013	0.296 963	0.967 065	0.535 894	勉强耦合发展
2014	0.324 243	0.967 692	0.560 149	勉强耦合发展
2015	0.369 336	0.968 240	0.598 002	勉强耦合发展

根据表 5-5 中的复合系统指数计算值，绘制金融供给侧与高技术产业系统综合发展度 T、耦合关联度 C 和耦合协调度 D 的动态演化曲线，见图 5-3。由图 5-3 可看出，1998 年前，系统综合发展度 T、耦合关联度 C 和系统耦合协调度 D 呈现出相似的变化趋势（斜率近似），皆为发

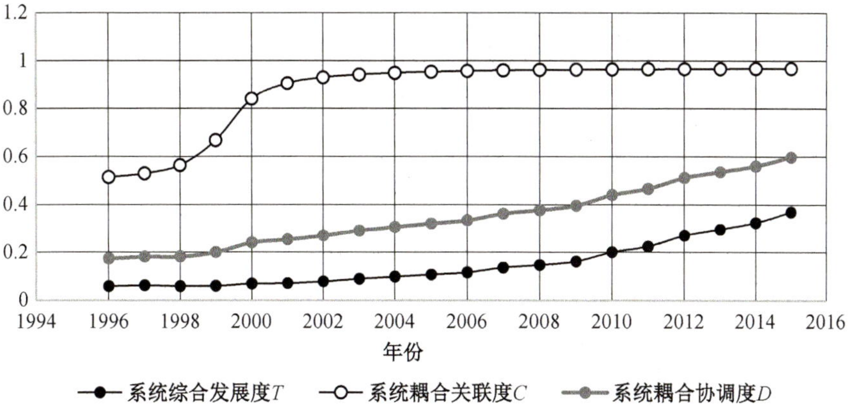

图 5-3　系统耦合协调度等动态演化曲线

展缓慢，且趋势比较平缓。1998 年至 2002 年系统耦合协调度 D 和系统发展度 T 呈现略微提升之势，系统耦合关联度 C 却呈现大幅增长态势。2001 年系统耦合关联度 C 实现突破性改变，达到 0.906 416。2002 年后系统综合发展度 T 和耦合协调度 D 逐年稳步上升，系统耦合关联度 C 平稳上升，在 2015 年达到极大值0.968 24，至 2015 年系统综合发展度 T 上升至 0.369 336，系统耦合协调度 D 上升至 0.598 002。

通过图表可知，首先高技术产业发展经历了规模从少到多、发展水平从低级到高级的过程，金融供给侧经历了危机波及后又恢复至稳步发展的变化历程，其复合系统综合发展程度也呈现出相应的演变格局。其次高技术产业作为新兴产业，其发展需求与金融供给联系紧密。在其成长的不同周期，高技术产业与金融供给侧系统交错影响、互为依托，耦合关联关系强烈。但由于中国金融供给基础薄弱且期间遭受全球金融危机影响，高技术产业系统的发展水平一度超越了金融供给侧的发展水平，表现为图 5-1 中后期两者的发展水平差距较大。

应当注意的是,2009 年之后金融供给侧发展与高技术产业发展在交汇之后呈现出两系统差距渐行渐远的趋势,金融供给侧的能力与水平落后于高技术产业发展的速度。此时需要加大对金融供给侧和高技术产业发展的关注力度,金融供给侧亟待改革创新,以跟上高技术产业发展的节拍,防止金融供给成为制约高技术产业发展的瓶颈。中后期两系统的耦合协调度呈现上涨之势,2015 年呈现的最高值为 0.598 002,金融供给侧与高技术产业耦合协调度等级处于基本协调发展阶段,两系统耦合协调度还是有很大的上升空间的。

具体分析,从 2006—2015 年高技术产业发展与金融供给侧改革耦合协调度可以看出,国内高技术产业发展与金融供给侧改革的耦合协调度总体处于提升趋势,已由 1996 年的 0.173 209 提升到 2015 年的 0.598 002。这一方面是由于高技术产业发展欣欣向荣,无论高技术产业投入、产出还是发展潜力各项指标值均逐年上升,国内高技术产业综合竞争力逐年加强,成为产业发展中的新兴力量和决定性力量,并对金融供给侧逐步发挥反哺等作用。另一方面,针对高技术产业发展各阶段的金融供给逐步优化完善,金融供给侧规模、发展效率、结构各项指标值后期亦呈现上升趋势,高技术产业发展过程中面临的金融环境逐步好转,金融市场初步具备为高技术产业提供针对性金融服务的能力,逐渐能提供符合其产业发展特征的金融创新产品。当然图表也反映出国内高技术产业发展与金融供给侧改革协调度尚处于基本耦合协调阶段,某些方面还是表现出不协调、不一致性,这是研究需要关注的重点。两系统耦合协调度的提升对于高技术产业发展以及金融供给侧深化改革均具有显著意义。

分析两系统耦合协调度不高的原因,主要为 2009 年至 2015 年所处的两个五年规划期间，金融供给侧改革发展低于高技术产业发展，金融供给侧发展拉低了两系统的发展耦合协调度。因此在不同阶段，应针对两系统发展的不同情况，重点提升系统中落后方的发展效率，以提升系统整体耦合协调度。当前国内金融供给侧的整体状态已经明显滞后于高技术产业发展，在提升耦合协调度方面，针对高技术产业发展的金融供给侧改革应该是处于首要位置。大力推进金融供给侧改革，从供给角度满足高技术产业发展金融需求，实现两系统的良性互动，实现两系统的优质耦合协调，才能提升系统的整体功效。金融供给侧改革应从高技术产业发展的特征角度来分析高技术产业发展的金融需求，结合高技术产业发展规律构建金融供给以支持高技术产业发展的创新路径，从而寻求针对高技术产业发展的金融供给最佳规模、金融供给最高效率和金融供给最优结构。本书将在最后专门针对金融供给侧进行分析，从政府、市场、金融机构多方面提出服务高技术产业发展的金融供给改革策略。综上，提高金融供给侧与高技术产业发展耦合协调度的当务之急是制定一揽子针对高技术产业发展的金融供给侧改革措施，在国家供给侧结构性改革的大环境中，为高技术产业发展创造良好的金融环境，提供优质的金融服务和金融产品，提升金融供给侧与高技术产业发展的耦合协调度，推动高技术经济健康稳步发展。

本章小结

本章研究主要在金融供给侧与高技术产业发展两系统耦合机制

及耦合规律等理论分析的基础上，对中国高技术产业发展与金融供给侧的耦合状况进行了实证分析，实证研究从以下几个方面展开：首先基于系统学以及耦合理论建立高技术产业发展系统与金融供给侧系统之间的耦合度测算模型，共选择了三种测量研究模型，分别为系统综合发展度、系统耦合关联度以及系统耦合协调度，从而综合考虑高技术产业发展与金融供给侧的耦合状况。其步骤为：确定两系统分析序列，对序参量数据进行无量纲化处理，计算系统综合发展度、系统耦合关联度以及系统耦合协调度。其次，基于实证模型，对中国1996—2015年期间高技术产业发展与金融供给侧耦合度进行了计算，并通过耦合测算结果对高技术产业发展与金融供给侧耦合状况结果结合时间变化区段特征进行了具体论述。一是综合对比两系统发展状况，高技术产业早期发展模式单一，对金融资源依赖性强，体现出一种粗放式的缓慢增长。后期国家产业政策调整，高技术发展迅速。而金融供给侧受到国际金融危机的负面影响，一度发展水平较低，发展状况波动频繁，虽逐步恢复上升趋势，但明显落后于高技术产业的发展增幅。二是中国金融供给侧与高技术产业耦合关联度整体呈现上升趋势，初期阶段两系统耦合关联度数值较低，说明两系统发展耦合关联关系较弱。在1998—2002年这个阶段，两系统耦合关联度发生飞跃，斜率较为陡峭，增速明显，变化幅度较大，表明金融供给侧发展与高技术产业发展耦合关系迈上了新台阶，两系统之间在一定程度上实现了相互影响、相互发展。金融供给侧与高技术产业系统耦合发展后期整体一直保持较高的关联度。三是中国高技术产业发展与金融供给侧改革的耦合协调度总体处于提升趋势，但国内高技术产业发展与金融供给侧改革的协调度尚处于基本耦合协调阶段，某些方面还是表现出不协调、不一致性，且金融供给侧发展与高技术产业发展在交汇之后呈现出两系统差距渐行渐远的趋势，这是研究需要关注的重点，两系统耦合协调度还是有很大的上升空间。最后，实证研究结果显示出中国金融供给侧的能力与水平落后于高技术产业发展的速度，需要加大对金融供给侧和高技术产业发展的关注力度，金融供给侧亟待改革创新，跟上高技术产业发展的节拍。增强高技术产业发展与金融供给侧之间的耦合协调度是推动高技术产业发展、促进经济持续增长的重要途径。本章创新之处在于构建了耦合模型，并运用到了金融供给侧与高技术产业发展的研究领域。

第六章 金融供给侧与高技术产业发展优质耦合障碍分析及相关对策建议

高技术产业发展与金融供给侧的关系紧密，高技术产业发展由于其特有的行业特征，金融资源是其生存、发展、调整、扩大各环节不可避免的需求，科学高效率的金融供给对高技术产业发展有“雪中送炭、锦上添花”之效，而错配低效的金融供给必然会成为高技术产业发展的桎梏。从上述研究结果分析，当前国内金融供给与高技术产业发展耦合协调水平尚待提升，两系统实现优质耦合协调仍存在障碍。

6.1 金融供给侧与高技术产业发展优质耦合存在的主要障碍

6.1.1 针对高技术企业的信贷投放规模不足

开展信贷投放是当前中国商业金融机构传统的主要盈利手段，而这些信贷资金是商业金融机构以一定的利率从市场上吸储获取的，需要在后期固定的时间偿还给储户，这些资金的偿还对于金融机构具有硬约束的特点。如此，商业金融机构为了维持自身的高信誉，在信贷资源的投放上必须将资金回收的安全性、获利的稳定性放在首要的考量位置，因而，潜在信贷对象信息不对称的客观存在带来了信贷配给问题。当前，面对高技术产业这个不断发展壮大的市场主体群和日益庞大的新兴金融需求市场，中国传统金融机构还是以落后的思想、能力、体制按照惯性运转，每年高技术企业从传统商业机构获取的信贷资源的份额都比较低，对高技术企业的信贷配给问题非常突出[193]。面对高技术产业这一投资对象，商业金融机构对企业的生产能力、信用状况，尤其是技术信息及技术盈利前景等不熟悉、不了解，信贷资金供给存在高风险，即使收益回报率较高，也使传统金融机构望而却步。这种现象反映出传统商业金融机构竞争力较弱，中国金融市场发展水平还有待提升，金融供给市场运行机制还不够完善。

6.1.2　针对高技术产业发展的金融供给配套服务业发展步伐严重滞后

高效率的金融市场离不开专业高效的金融供给配套服务，专业高效的金融供给配套服务有助于降低金融资源需求供给双方的交易成本和风险，解决交易双方的信息不对称等诸多问题。当前针对高技术产业的金融供给配套服务问题较多，比如对融资主体高技术企业的无形资产价值和固定资产、股权资产等可变现净值的评估，缺乏专业而且权威的操作规则及评估机构。虽然之前理论界对有关评估问题进行了大量研究，但实际操作中仍存在很多障碍，公允的操作准则还不健全,专业的评估机构欠缺,使得高技术产业发展中的资产价值不能被正确评估。另外,落后的担保服务也制约着供需双方的交易,高技术企业常利用专利、商标、商誉等无形资产进行抵押或质押,金融机构对高技术企业的此类抵押、质押非常谨慎,为控制交易风险,往往要求融资方提供担保单位连带担保,而中国担保服务业中专业、高效且实力雄厚的担保单位不多[194],高技术企业融资只能在狭窄的“朋友”“合作单位”圈内找符合条件的企业担保,担保成功的数量相当有限,优质担保服务的欠缺亦成为金融供给效率提升的障碍。上述配套服务存在的类似问题必然降低金融供给的效率。

6.1.3 针对高技术产业发展特征的金融产品创新不足

高技术产业一个很显著的特点就是发展与风险同行。具体到高技术企业主要表现为:一是高技术企业的投资风险与经营风险较高。高技术企业是主要从事高新技术产品的研制、开发、生产的企业,其生产过程无论是产品研发、技术创新,还是质量升级都具有创新变革的特点,大量资金投入后要经历一系列不确定性的过程,最后这些投资收益能否变现回笼存在较强的不确定性。二是高技术企业的抗风险能力不强。最需要金融扶持的高技术企业其实是大量中小高技术企业,而这些企业自身原始资金积累不多,抗经营风险能力差,加上企业财务、管理、行业和市场环境信息的不透明等,这些不利因素大大增加了高技术企业从金融市场融资的难度,从而使得其与金融供给缺乏高效率互动,以致当前中国高技术产业融资结构不合理,发展资金来源结构较为单一,规模较小[195]。目前高技术产业资金筹集主要表现为自身的内源融资、政府的财政补助和风投,而从金融机构实现大规模债务融资，或通过在证券市场上市吸纳股权融入资金的仅占极少数。当前要改变高技术产业融资结构，需要在多方共同努力下形成多层次、互为补充的良好融资结构。

而与此不相适应的是，由于中国金融市场化程度不高，加上初期并未重视高技术产业这一新兴市场主体的融资需求，针对高技术产业的金融产品数量欠缺、创新力度不强，适用于高技术企业的金融产品种类有限，效率不高。首先，针对高技术产业的金融产品创新在自主研发动力、能力上明显不足，多数为拿来主义且缺乏整体战略规划。其次，当前金融市场供给现状表明金融机构供给的金融产品和金融服务缺乏针对性和前瞻性，金融产品创新品种也不够丰富，缺少适合高技术产业发展特点的个性化融资产品，不能匹配地满足高技术产业金融需求。

6.2　金融供给侧改革建议

随着创新经济的深入，中国高新技术产业呈现出日新月异的发展格局，前述研究已经显示促进高技术产业发展战略意义显著。但高技术产业的深入发展，单一地从高技术产业方面着手，效果并不会很理想。因为金融供给侧对高技术产业发展具有显著的影响作用，是高技术产业发展不可缺少的条件，所以必须同时考虑供给侧与需求端。当前中国金融供给侧发展滞后于高技术产业发展，从前文的分析和本书的研究重点考虑，下面主要提出金融供给侧改革具体建议，需要政府、市场、金融机构多方积极推动金融供给侧改革，提升两系统耦合协调度。

金融供给侧改革就是要充分发挥金融在市场中配置资源的作用，在促进高技术产业发展方面，需要通过合理有效地配置金融资源、改革金融供给结构、优化供给产品和服务等使金融供给更加高效，提高金融资源对高技术产业供给的效率，从而促进金融供给侧科学高效地助推中国高技术产业的发展。央行金融研究所所长孙国峰指出，随着当前经济发展阶段的转变，金融供给“量”的增长对实体经济的支持作用已呈现边际递减效应，而且“量”的过度扩张还会带来负面效应，比如导致经济结构不平衡加剧、引发金融风险等问题。推进金融供给侧结构性改革，其主要目标是调整供给结构，减少无效、低效的金融供给，优化当前金融结构，提升金融供给的效率，充分发挥金融配置资源的作用。实现金融供给逐步满足实体经济多层次、多元化、多类型的金融需求，从而促进经济金融可持续健康发展[196]。结合高技术产业发展，金融供给侧改革具体建议如下：

6.2.1 政府层面

6.2.1.1 明确金融供给中政府的定位

在金融市场中，市场机制起到资源配置的功用，也是其可以对金融资源达到最佳配置的基础，但是在发挥配置功能过程中，市场也会有失灵的时候。特别是中国金融市场经济还没有成熟，经济体制正在转型升级，在没有完善的制度体系给予支撑的情况下，市场机制配置金融资源的功能难以完全发挥作用，也就难以使金融供给市场有序、高效地运行。特别需要注意的是，对于高技术产业，由于其发展有着特殊的战略意义，但其发展特点可能会造成在某个阶段产生金融供给缺位的问题，单纯依靠市场机制这一手段并不能得到解决。因而，政府需要在金融供给中发挥调控作用，尤其在市场机制失灵的时候，借助对金融供给制度和相关法律的完善，将业内的金融资源进行二次优化配置，从而给予高技术产业等相关需要扶持的产业创新发展的平台。当然，市场仍然决定着金融投融资主体的交易和投融资行为，这一点政府职能不能错配、随意干预。只有政府政策性金融与商业性金融互为补充、互相配合，才能行之有效地发挥金融供给的作用。政策性金融供给的加入，并与高技术产业发展协调和统一，才能全面发挥金融供给侧对高技术产业发展的扶持作用。

6.2.1.2 改革针对高技术产业发展的政府管理体制

在当前高技术产业发展机制改革中，很少有针对高技术产业发展的政府管理体制的改革。这方面应重点针对高技术产业管理体系和制度等上层设计实施改革，注重调整权力分配范围，优化管理体制，解决权力过度集中和行政强制干预的问题。由于高技术产业关系着国家发展的各个方面，高技术产业的快速发展可以带动国家经济的稳定增长，促进社会的稳定发展，有效保障国家的安全等，故很多发达国家都实行统一协调管理、统筹分配市场资源等方法来管理高技术产业，比如法国、日本等。在经历了金融危机之后，韩国也转变以往的高技术产业管理模式，开始使用集中化统一管理的方式，并成立针对性的管理委员会，实现了政府对高技术产业的集中管理[197]。发达国家使用的这种管理方式可以有效促进高技术产业的发展，同时政府可以对高技术产业发展的经费进行集中管理和应用。这些管理经验值得我国借鉴。

6.2.1.3 强化针对高技术产业的金融供给机构及业务项目的建设

在金融供给侧和高技术产业发展互动交融中，需要政府将其主导作用发挥出来，在政策和制度上对其进行保障，针对高技术产业设置专业的金融供给机构和专项业务项目。政府应主要关注下列工作：

第一，大力发展科技银行。近些年，中国在借鉴外国科技银行运行机制的基础上，结合国内银行业发展的实际情况，创设了集专业性、灵活性以及政策导向性为一体的服务于高技术产业的科技银行。尽管科技银行的资金主要来自公共部门以及政府财政，然而其采用的是银行业运营方式，高技术企业对于科技银行供给资金的使用不同于财政资金的无偿使用，需要到期还本付息。当然，科技银行的优势在于对于科技贷款在资信条件和客户规模评估方面，条件并不苛刻，因而高技术企业能够便捷地获得科技贷款[198]。这一模式的创新，使针对高技术产业的贷款资源供给更为行之有效，在某种程度上对高技术产业的贷款供给不足进行了补充，在解决高技术企业融资难题方面已经起到了不错的作用。目前的科技银行在规模拓展、运行机制、业务模式、创新产品等方面仍然需要继续探索，从而使科技银行更加富有专业性，给予高新技术产业发展以更专业和更广泛的支持。

第二，继续发展政策性科技贷款项目。对于高技术贷款市场而言，政策性科技贷款能够弥补当前高技术贷款市场商业化发展存在的不足，为高技术产业融资开辟快速通道。同时体现出政府的扶持导向，对贷款市场进行引导。当前，虽然政策性科技贷款项目已成为高技术产业融资至关重要的方式，但是该项业务在某些方面仍存在局限性，例如没有充分的金融资源，功能定位方面比较单一，运营过程有待优化等，在金融资源供给方面给予高技术产业发展的支持比较有限。故应创造条件完善政策性科技贷款项目的不足，助其有序发展。

第三，创设具有专业知识、有利于高技术产业发展的融资服务机构。一方面具有专业知识的金融服务管理部门可以向高技术企业提供融资咨询、推荐优质融资渠道等服务，必要情况下，还可以对企业融资进行引导，给高技术企业提供融资方案供其借鉴和参考。另一方面，这些专业性的金融服务部门需要借助组织征信机制，将一些表现不错的、具有潜力的企业向商业金融机构进行推荐，从而使这些企业快速获得发展资金，在融资方面提升效率。美国创设的小企业管理局就是给予包括高技术产业在内的中小企业融资方面服务的，借助市场化的办法，对民间资本进行引导，从而对中小企业发展起到推动作用[199]。毋庸置疑，现在中国的市场环境和美国有所不同，完全凭借市场的力量难以达成目标。因而，在必要的情况下，可以适当借助政府力量推进此项工作，从而起到强化金融服务链的作用。

6.2.1.4　增强财政投入定向精准扶持高技术产业发展

政府财政直接投入对于高技术产业发展是简单有效的扶持方式，主要包括以下几种方式：

第一，科学选择实施财政投入高技术产业的方式。财政投入有直接投资、直接拨款和间接补贴等。财政扶持既可以表现为财政政策的直接倾斜，也可以表现为间接补贴等。应根据高技术产业发展的具体实践情况选择科学合理的扶持方式。政府直接投资或补贴简单有效，一方面可以减轻民间资本的负担，同时补贴的导向性对民间资本也起到吸引作用，从而促使其能够将资金投入高技术产业基础设施项目中[200]。比如创设高技术产业基础设施的财政补贴政策，对高技术产业发展中需要投入较高成本的基础设施项目，政府可以进行投资补贴、价格补贴、财政贴息等政策直接扶持，从而避免高技术企业因为初期基础设施投资建设的成本高而望而却步的问题。同时对私人机构在基础建设项目中进行投资起到鼓励、引导作用。然而，财政直接补贴以及直接投资，在特定时间区段、特定环境下使用能发挥不可替代的作用，但长此以往政府在财政方面负担过于沉重。相比而言，贷款担保等间接倾斜的方式，优势较突出，成为帮扶、支持高技术产业发展更为妥善的办法，不少国家都借助这种方式给予科技企业支持。当然选择、判断财政支持方式须立足于高技术企业发展周期实施不同的扶持政策，在创业初期缺乏研发资金时，财政直接支持意义重大，而在成长期借助贷款担保等间接方式，对其更为适宜。

第二，完善税收优惠政策。中国目前税收优惠政策的设置多基于高技术企业在研发方面取得成果后，缺乏对研发活动中前期的优惠鼓励政策。技术研究开发活动对于高技术产业来讲是非常重要的环节，但能否形成成果其不确定性也较强，应该考虑税收优惠向研发过程倾斜的尝试，出台相关鼓励高技术产业开展创新活动的优惠税收政策，使得高技术企业研发过程成本降低。另外高技术产业发展中，研发后期基本都存在成果转化的问题，制定针对成果转化的税收优惠政策，可以使转化成果期间的各项税额降低，从而对高技术产业技术成果转化起到推动作用，以便于提升高技术成果应用于产业的能力，对高技术产业发展起到促进作用。对于上述问题，可以降低企业试销产品期间的增值税、企业所得税。除此之外，对于高技术产业经营所获得的盈利和收入提高起征点或实行减免税，从而使高技术企业研发活动和成果转化更具积极性。借助实施针对高技术产业发展的税种、税收征收机制等方面的改革制定税收优惠政策，从而使高技术企业发展不再有沉重的负担，使税收政策更适合促进高技术产业的发展。

第三，加强高技术产业发展基金类项目的引导与管理。创设高技术产业创新支持基金，可以使技术创新更富有支撑力量。中国珠三角一带便进行了高技术基金的创设[201]。当前政府还需要加强引导与管理，对基金运营机制进行完善。一是拓展专项基金的支持范围。中国高技术产业发展迅速，其包含企业数量庞大，专项基金只是杯水车薪，可以从其中获益的依旧是少数，应按照科学方法尽可能拓宽专项基金受益对象。二是对基金管理进行规范。参考国际标准，选择出色的富有专业知识的机构对产业基金进行经营、监督、管理，借助市场化的激励和制约机制，使政府财政资金投资获得保障，增加政府资金使用的效益和质量。三是对基金使用进行引导。政府出台相关政策，引导和带动社会资金的投入，形成高技术产业发展基金，从而在高技术企业处于创业期等急需资金的时期，形成对高技术产业的定向支持，逐步转变政府对高技术产业支持的强制、简单的模式。

6.2.2　市场层面

6.2.2.1　加快完善多层次资本市场

发达的资本市场对高技术产业的助力作用是毋庸置疑的，美国的资本市场体系发展较完善，在其资本市场体系中，涉及主板市场、风险投资、创业板市场等资本市场，从资金供给方面多层次立体式地给予高技术产业中长期支持。相比较于美国等发达国家资本市场，其多元的层次、相连互通的板块，正是中国所不具备的。中国资本市场中主板市场得到了优先发展，而创业板上市企业数量少，场外市场存在交易不繁荣、融资效率差等诸多问题，呈现出典型的“倒三角”结构[202]。资本市场作为高技术企业发展的主要载体，亟须改变这种格局。高技术产业发展和金融供给的优质耦合，其中一个至关重要的内容，就是高技术产业发展需要成熟的资本市场体系，从而能便捷高效地获得并利用金融资源。所以优化资本市场运行机制、完善其功能是推进高技术产业发展的重要环节，在资本市场建设机制上应该充分学习国际先进的科学理念，并引进国外先进的思想，对中国资本市场进行更加合理的规划，在资本市场层次完善过程中使资源更加合理地配置，才能更好地引导资本市场配合中国高技术产业运作规律，从而促进其对高技术产业发展的支撑作用。其中具体做法包括：

第一，进一步完善资本市场运行机制，针对高技术产业形成主板市场助力大型高技术企业、创业板市场助力中小型高技术企业的基本格局。中国资本市场出于谨慎性等因素考虑，优先发展主板，在一定程度上符合中国国情，主板市场作为资本市场上的重要力量，对于高技术产业发展尤其大型科技企业的金融扶持作用不容小觑。但是和欧美国家相比还有欠缺，所以国家应该更加高效率地培养相应的人才，对市场机制进行合理的整改，以先进的理念为指导，才能让主板市场更加充分地发挥助力高技术产业发展的作用。对主板市场进行相应的改革可以考虑从以下几方面进行，比如加强主板市场的交易流动性、降低市场的准入门槛、让主板市场自身有更大的主导作用、适时恢复 $T+0$ 的交易模式以及取消涨停板限制等多方面的革新，并且实现注册制向核准制进行转型，这样才能让主板市场更好地运作，更好地发挥“看不见的手”的作用。此外还应该加强与国际其他资本市场的联系和联动，积极推出一些类似于沪市、深市、港股等联动机制，以大幅提升主板市场活力。另外纵观资本市场，高技术产业的一个天然成长环境即创业板市场。创业板对高技术产业发展的助力优势很明显，其入市要求相对较低，是中小高技术企业解决融资难题的一个良好途径。但是现阶段中国创业板市场的发展状况与其创设初衷实质是不相符的，创业板市场“扶持初创企业”的功能作用尚未充分发挥，创业板发展的空间还很大。中国创业板市场发展可借鉴西方创业板的发展经验，但需要注意的是，曾经美国的创业板得到认可时，诸多国家也都进行了效仿，但实际有近百分之五十的国家未能成功，原因可能是创业板和主板性质无实质性区别，制度功能等重合现象严重，无法体现创业板的优势。与此同时，由于上市的门槛要求降低，忽略了资质等重要评价标准，从而影响了整个市场发展的效率。所以中国需总结国外成功与失败的经验教训，结合中国实际，结合高技术创业企业实际，完善创业板功能，从而真正地解决高技术企业创业初期的融资困难，让创业板充分发挥其作用，这是高技术产业获得资金的一个非常重要的战略性途径。

第二，发展场外交易市场。场外交易市场又叫作柜台交易市场，场外交易市场为上市落选的企业提供了股权交易的机会，从而拓宽了高技术企业的资金筹集空间。建立多层次的科技资本市场，应该按照一定的规划和步骤完善场外交易市场的构建，调整、优化场外交易市场的环境和相关制度政策，在相关作用下促进场外交易市场的发展。就中国目前的情况来看，发展、完善场外交易市场需要做大量的工作，首要问题是全面规范场外交易市场业务范围，通过建章立制明确场外交易流程，限制违规行为。高技术企业还需要避免很多不正规的场外交易，此类交易在国内不受法律的保护，出现问题也不能得到合法解决，影响高技术企业的场外交易效率。其次对柜台交易的升板制度和挂牌资格进行合理的规划，挂牌资格的确定主要通过对主体资格和信用进行评价分析，比如只有达到相关标准的高技术企业才能进行柜台交易。同时应给予场外交易主体升板动力，即高技术企业的场外交易达到一定年限和规范程度、符合一定条件后可以升级到主板市场。升板政策能更好地促进场外市场交易主体获得投资。最后发展场外交易市场，可以考虑首先借助部分区域（高技术企业集中区）开展创新试点工作，以此规范试点方案并延伸至更多区域，从而为高技术企业增加融资的途径，为更多的高技术企业拓宽发展空间。

第三，充分利用债券市场融资。在中国，高技术资本市场中不可缺少的是债券市场及其产品。高技术企业融资应该多关注债券市场，增大债券融资所占的比例，如此既能促进债券市场的发展，还能减轻银行方面的贷款压力。就目前而言，股票市场的发展相对较快，国内债券市场尚处于起步阶段，债券产品的种类很少且缺乏针对性，发展相对缓慢，缺乏活力，对高技术企业融资没有起到应有的扶持作用[203]，也没有如预期达到提高企业绩效的作用。解决这方面存在的问题，需要中国政府协调相关部门从制度、政策、法律法规等多方面考虑，提供合理科学的制度设计。对于高技术企业债券，首先可以设置利率的浮动空间，通过各种合法途径使债券利率市场化。其次，要设计符合高技术产业特性的债券。比如对于高技术企业而言，可转换债券作为债券融资中灵活性较强的融资形式应该是债券市场大力发展的项目，其可调整、可变性的特点极大地丰富了债券市场的内涵，在一段时间后债券可以转变为股票的调整形式使得可转换债券成为债权转股权的枢纽。同时也可以考虑联合相关中小企业力量和优势，增加发行诸如高技术企业集合债券作为繁荣债券市场的改革手段。另外通过设置不同性质、不同偿还期的债券，增加发行高技术企业债券的类别，以此满足高技术产业债券市场的多种需要。最后利用社会征信体系规范债券市场，比如对高技术企业的债券信用进行科学的等级划分，详细地区分各个不同的信用级别，如此可以帮助投资者更科学地投资高技术企业债券，减少投资的盲目性，从而促使投资者加大对高技术企业债券的投资数量，提升市场上的债券投资规模。

第四，大力发展风险投资（创业投资）并控制风险。一般情况下，高技术企业起步发展时期各方面不成熟，技术人员较少，资金投入较低，初期发展时会面临各种问题，例如资产资源配置缺乏，经营理念存在问题，各个部门分歧较多，协调性欠佳等[204]，所以银行等金融机构出于经济效益和风险考虑，很少愿意提供贷款。反观风险投资（创业资本），其逐利性和风险偏好性往往使其愿意对高技术企业实施投资计划。风投资本投资高技术企业正好可以发挥其天然属性，匹配性更强。但现今中国的风险、创业投资资本市场存在以下问题：首先是中国国内的风险投资、创业资本队伍薄弱，各方面均处于摸索阶段，缺乏可借鉴的成功经验，投资主要集中在高技术企业的快速发展期，甚至成熟期，然而最需要风投、创投的阶段却是种子期、初创期，这阶段投资除了需要风投果敢的魄力外，更重要的是需要专业的知识背景和预测能力，故这一阶段风险投资缺位现象比较突出。其次，在投资计划完成后，风险投资或创业资本有权利选择退出或继续合作，但其退出高技术企业的制度设计诸如退出条件、退出程序等也亟待完善。风投、创投在促进高技术企业的快速发展方面有其特有的优势，应该强化完善这支投资力量，使之成为扶持高技术企业发展的重要金融供给资源。具体建议为：首先搭建平台引导风险投资方和高技术企业之间的交流沟通，排除信息不对称的情况，完成两方无障碍对接。其次引导风险投资方为起步阶段的高技术企业提供合理的帮助，包括创业指导、人才培养、信息传递等。国外这方面的发展比中国先进很多，欧美国家和俄罗斯的相关做法都值得我们学习和研究。最后健全风险投资方面的制度建设，诸如投资者的利益保障机制，各类风险投资机构进入高技术产业领域的鼓励机制，高技术企业股权转让、风投退出途径和海外市场拓展机制等。同时在制度建设完善方面应着重考虑为风投、创投方提供更为宽松和谐的环境，比如税收优惠、审批绿色通道等，通过优化相关服务环境，提高风投、创投对高技术企业发展各阶段的扶持效率。

6.2.2.2 适时推出板块市场之间的转板机制

资本市场每个层次板块之间有不同的联系机制和发展特点，虽然板块交易制度的实质是相似的，但每个板块的交易制度互不相同，而目前最重要的任务是将不同板块的资源进行合理流通。转板政策具有完成不同板块之间的资源交换的功能，从而可以优化资源配置，是提高资源配置效率的一种有效手段。转板政策的出现推动了资本市场的深度发展，尤其有助于高技术产业的发展，例如现有的市场板块无法应对市场中部分高技术企业的超常发展变化，此类高技术企业可以通过转板机制实现进入其他市场板块的转置。但是根据中国资本市场状况来看，转板机制若要达到预期效果还须进一步完善，对其应确立政府指导和干预的边界，最重要的是建立更具针对性的政策和制度。针对高技术产业，可作进一步的调整和完善，对其中差异程度高的高技术企业进行分层次管理，甚至个体化管理。对于部分条件优秀的高技术企业或经过审查评价符合条件的高技术企业直接开通转板的便捷通道。

6.2.2.3　科学发展民间金融

民间金融信贷是产生于当代社会文化和社交网络背景下筹集资金的另外一种信贷形式。在中国当下，民间金融信贷在整个高技术产业贷款中发挥着重要的补缺作用，弥补了银行信贷的不足，拓展了高技术产业信贷的发展空间，为高技术产业的进一步发展提供了补给动力。通过民间主体流动资金作用的充分发挥，不但为高技术产业融资降低了门槛，而且消除了金融机构垄断贷款的负面因素。民间普通融资的发展使得原有金融体系遭遇了更强有力的市场竞争，对自身的发展起到促进作用，创建了真正意义上的金融体系市场化。同样因为竞争市场的扩大，高技术产业可以获得更多的金融供给主体，享受更为完善优质的服务和更具有创新性、针对性的金融产品。但与非洲国家相比较，中国的民间金融企业的发展相对迟缓，对高技术产业信贷缺乏相应的技术支持和法律支持。要改变这种现状，需要通过对民间金融发展较好的非洲国家的学习和研究，大力推动高技术产业发展和民间金融融合，使民间金融成为高技术产业资金需求的重要供给主体，具体方法从以下几方面论述：

第一，重视民间金融的投资供给。细分来说，政府应加大对这方面的重视程度，应保护民间金融投资的热情，调整相关准则鼓励民间金融成为商业金融的一份子，共同发展，共同受益，并完善相关制度，出台相应政策规范其投资途径，对其投资行为进行科学的引导和建设。

第二，推动民间金融发展环境向着更为优质的方向发展。首先应该建立合法合规的平台和机构来吸收民间社会资本的投资，集中相关力量推动民间金融的发展，吸引更多的民间金融投资高技术产业。其次应构建能够给民间金融供需双方提供有价值的信息的服务网络，构建覆盖全面的立体式服务体系，给民间金融的发展提供所需信息、担保以及人力资源这三个方面的服务。此服务体系的目标就是给中小高技术企业带来法律法规、业务咨询、市场需求等信息以及法律方面的服务。除此以外，必须要健全监管约束机制，把民间金融有效地融入到透明、公开的监督体系里去。最后构建监控通报体系以及长效监管制度，从而形成人民银行、银保监会以及工商局等相关部门协调配合的综合性民间金融监管体系。在推动民间金融发展合法化之时，切忌囫囵吞枣，必须循序渐进，逐步实现。针对部分具备一定规模、机构设置也相对健全、管理相对规范且存在监管意愿的民间金融，就需要适当地在制度方面进行创新，逐步予以合法化。对于基本守法且不存在显著违法行为的“灰色融资”，必须要推动其向着规范化方向发展。对于明显违反法律规定的要坚决予以取缔，避免民间金融推进过程中的不合法现象干扰社会秩序。

6.2.2.4 建立金融和高技术相互融合的信息服务平台

在大数据等科学技术的支撑下，信息服务平台对于提升市场透明度、提高市场决策效率大有裨益。所以无论对于高技术产业还是金融供给部门，按照计划、程序建设高技术产业金融服务平台都是刻不容缓的。服务平台建设可以从两方面考虑：一方面可以整合科技部门的相关资源，建立起国家高技术项目数据库，从而汇总、集中高技术研发项目和可转化科技成果，金融供给方通过平台了解信息，集中力量有针对性地支持高技术的研发和高技术成果落地转化成实践项目。另一方面，应大力加强金融信息服务平台的建设，金融供给方首先应完善银行各种信息系统的建设，比如信贷登记、咨询等业务，同时要及时反馈系统相关信息的变化情况，建立整个系统范围内的监测体系，从而能够获取及时、全面、完整、准确的借款人信息和信贷业务信息，提升业务处理的效率，提高金融市场信息透明度，使得金融管理有据可依，有据可查。系统平台的建设还可以在发挥现有功能的基础上，拓展专项应用业务，比如借鉴西方国家的先进经验，构建完善的高技术研发和成果转化的平台服务机制，通过平台提供服务高技术产业的金融产品，进一步发挥信息服务平台的效用。

6.2.3　金融机构层面

高技术产业对中国实现科技现代化意义显著，发展高技术产业需要足够的金融机构的外源性资本的投入。实践证明，金融行业的大力扶持对现阶段战略性高技术产业的发展具有正向显著效应，甚至具有传导影响的放大效应。一方面，对于高技术企业而言，金融机构可以帮助其从政策的执行、风险理念的灌输、企业经营方式的指导与设立风险补偿资金等几个方面增强企业控制风险的能力[205]，解决信息不对称及风险厌恶问题。另一方面，金融机构也应该区别传统产业，完

善针对高技术产业的信用评价体系,进一步完善金融机构的风险评价机制,改善高技术企业的外部金融环境,具体如下:

6.2.3.1 转变金融机构与高技术企业的关系,实现金融资本与产业资本的实质性结合

银行等金融机构在对高技术企业实施金融产品供给过程中,双方关系如同朋友交往,始于互相了解,形成合作性关系后,金融机构一般以监管主体的身份对高技术企业相关资金业务实施监督,这种"松散型+类对立性"的借贷关系对于高技术产业的快速发展肯定是存在桎梏的。故在与高技术企业合作的过程中,金融机构应考虑优化双方合作关系,可以谨慎选择合适的高技术企业,在供给金融产品时与其形成实质性结合,如以贷款份额入股参与企业经营管理,即改变"朋友交往的恋爱关系"为实质性"结婚关系",如此金融市场供求双方利益捆绑,既可以增进信任度,又可以完善企业法人治理结构和风险控制体系。当然在此过程中要求金融机构增强评价选择能力,包括对选择对象财务信息的分析、行为信息的分析等以及诸多管理信息合成评析,以此提高对高技术企业特定信息的分析解释能力,从而科学实现两方的紧密关系及可持续性融合。同时,大型高技术企业相比其他企业生命力强盛、优势明显,其实体资产攀升速度快,铸造一个可供企业自身掌控的融资平台对于大型高技术企业来讲是其发展的强大助力,同时收购优质的金融资产对于高技术企业利润构成中的投资收益会大有裨益,有助于实现企业业绩增长的目标。另外对于金融机构发展而言,大型高技术企业与金融机构实质性结合后可以提高金融机构资产质量,优化股权结构,进一步拓展其客户基础,通过此种深入的多维度

合作，转变金融机构与高技术企业“谈朋友关系”，从而建立“结婚式”的战略合作关系，如此作为命运共同体可以降低金融市场运行成本并有利于双方市场价值的提升。

6.2.3.2　建立健全高技术企业信贷管理体制

第一，建立专门针对高技术产业贷款的激励机制。建立专门针对高技术产业贷款的激励机制是非常必要的。激励机制可以从信贷方金融机构和信贷对象即高技术企业两方面予以考虑。比如，首先针对业绩良好、按期准时还款的高技术企业给予贷款利率的优惠，鼓励企业积极还贷，持续增加贷款额度，从而形成良性循环。其次，由于高技术企业经营风险较高，使得伴随的贷款风险也高于普通企业，从而在一定程度上必然影响信贷人员对高技术企业的放贷积极性。所以对于金融机构信贷人员应制定放贷给高技术企业的鼓励政策，或是量化信贷人员针对高技术企业信贷工作的业绩并给予必要奖励。

第二，制定针对高技术产业作为信贷对象的科学评估体系和信用评级制度。在金融投入与市场化深度结合的过程中，金融机构对于其投资对象、合作伙伴的选择非常重要，对于金融资源的供给也要遵循优胜劣汰的市场规则。金融机构在选择投资对象的时候，对高技术企业科学完备的评估至关重要，应该从高技术企业的综合实力、管理水平、市场口碑、人才吸引等方面展开评估，同时强化金融信息系统建设，前期做好高技术企业基本信息以及信贷过程相关信息的登记工作，同时为了保证动态信息的及时反馈，应建立整个业务范围内信息系统的监测体系，如此获取的高技术企业的基本信息和信贷业务信息会更加全面、及时、完整、准确，从而可以提升业务处理效率，提高金融市场透明度，使得对高技术企业贷款评估有据可依，更加科学。另外应制定高技术企业专业性的信用评级制度。高技术企业的信用等级是对高技术企业发放贷款重要的依据，可以考虑其历史信贷记录、当前财务状况、后期综合发展潜力等相关因素，制定符合高技术企业的信用评级制度，从而可以为分级贷款提供依据，比如放宽信用评级优秀、综合实力强、发展前景好的高技术企业的贷款限制。同时，评级信息应该在金融机构中共享并进行实时动态调整，以此提高金融系统工作效率，增强金融机构间的业务合作，从整体上防范和化解金融系统风险，优化健全金融系统建设。

第三，建立高效的高技术产业贷款审批制度。建立科学的、有针对性的贷款审批管理制度能够提升金融机构对高技术产业金融供给的效率。在合理评估高技术企业并对其进行科学评级的基础上，高效的贷款审批制度应该保证各审批环节的科学性和完备性，以此将金融供给方的投资风险降到最低。同时针对高技术产业的贷款机制还应该尽可能避免冗长复杂的贷款审批程序。针对高技术产业的贷款审批应培养了解、熟悉高技术产业相关特性的基层信贷人员，以制度明确并保障基层信贷自主审查发放贷款的责权利[206]。当然授予针对高技术企业的基层贷款相关权限时必须限制在一定的范围内，同时需要配套建立完善的责权利考评机制，包括放贷风险评估、损失核算、收益考核等。

6.2.3.3 积极开展针对高技术产业发展的金融产品创新及金融服务创新

第一，积极进行针对高技术产业发展的金融产品创新。市场经济环境下，金融行业的竞争日趋激烈，若要提高金融机构的市场竞争力，寻求长期稳定的客户资源，积极创新金融产品、金融业务及服务，增加产品和服务的产业针对性是非常必要的。针对高技术产业，可以创立联贷联保贷款业务。大多数高技术企业目前都属于中小企业，其规模小，发展时间短，但是这些企业基本都具有高投入、高产出、高风险的特点[207]。为抵抗市场波动及金融风险，增强贷款给高技术企业的金融机构的抗风险能力，创新适合产业发展的金融产品势在必行。其一，可以建立联贷联保服务，通过创新联贷联保贷款业务，中小高技术企业抱团贷款，有利于整合企业力量，增强贷款的综合实力。当然也增强了金融机构对于高技术企业贷款的风险管控。其二，积极利用证券化工具。目前，商业性金融机构对高技术企业的资金供给还是有限的，积极利用证券化工具对于弥补高技术企业发展的资金缺口是很有帮助的。根据《国家科技成果转化引导基金管理暂行办法》，金融机构可以帮助高技术企业结合自身业务优势，推出适合其企业发展的创新性融资产品。通过资产证券化等金融工具，可以将民间资本导入高技术企业；还可以将高技术企业组成联合企业，以联合企业的名义发放债券，通过联合债券融资减轻各个企业的资金压力，同时也降低了金融机构的贷款风险；最后还可以设计高技术产业发展券等新金融产品。为提高高技术企业的资本实力，金融机构可以专门针对高技术企业的特点，设计诸如高技术产业发展券等金融产品。在这种科技代金券发行之前，大多数高技术企业都是直接从金融机构获得贷款。而高技术产业发展券的运作规则是高技术企业先从金融机构获得贷款，以缓解其经营中的资金缺口，在资金缺口得到解决之后，金融机构可以再选择购买企业的发展券，类似于金融机构以投资的方式助力高技术企业的发展。这种创新金融产品既保留了可转换债券的优势，同时在实际操作中更加灵活方便。如此一方面帮助了中小高技术企业，同时也使金融机构获得了一定数额的投资收益。在高技术产业发展过程中，这种代金券的投入与使用，使得高技术企业经营风险降低，同时提高了金融机构资金利用的有效性，对高技术企业资源也有着良好的促进作用。

第二，积极开展助力高技术产业发展的服务创新。从行业的长远发展考虑，积极进行服务创新是金融供给机构支持服务高技术产业发展的必然举措。在高技术企业的发展过程中，金融机构的信贷风险始终不可忽视。在高技术企业发展壮大的过程中，积极进行针对高技术产业发展的服务创新其实就是为金融供给机构自身降低信贷风险。因为在对高技术产业提供服务的过程中可以使金融机构与高技术企业联系更加紧密，对其服务对象的情况更为了解，从而缓解信息不对称的情况。服务创新应打破传统服务项目限制的壁垒，拓展助力高技术产业发展的针对性服务。比如金融机构的客户对象较多，拥有相对优质、客观的客户信息，借助于大数据等共享平台，可以为高技术企业提供联系质量检测、产品认证服务、技术信息咨询、战略伙伴推荐以及协调促成战略合作关系等一系列支持性应用服务。

6.2.3.4 拓展高技术企业信用担保业务，创新担保方式

企业信用担保体系是金融行业健康发展不可或缺的重要因素。在完备的企业信用担保体系之下，金融机构很大程度上能降低高技术产业发展所携带和传递的风险，所以对于高技术产业融资而言，信用担保业务具有更为重要的意义，是助力高技术企业快速高效融资的重

要手段。中国金融机构应该在充分借鉴国外先进经验的基础上，不断拓宽基础信用担保业务，进一步创新担保方式。

第一，针对高技术企业建立多元化的信用担保体系。从国外信用担保体系的发展历程中看，建立多元化的信用担保体系，不仅能够降低金融机构的贷款风险，对于高技术产业的发展也是很有帮助的。目前，中国信用担保行业的发展还处于初级阶段[208]，担保主体单一，只有建立政府、金融机构、高技术企业三方多元化的信用担保体系，才能从根本上保障金融业的健康发展，解决高技术企业的融资难题。在这种多元化信用担保体系的形成过程中，政府担保、金融机构担保、高技术企业担保各自应适用不同范围。欧美很多国家为了保护高技术行业中的中小企业，每年都会从财务预算中拨出一部分资金作为高技术中小企业的担保金的来源，在扶持高技术企业的同时也可降低金融系统风险。中国政府也可以在一定期间内参照此方法对高技术行业的中小企业进行担保扶持。但是，政府的担保机制始终属于外来援助，这种方法短期可以，却不是长久之策，在一定时期后应尽量避免政府担保。对于政府担保，应规范政策性担保的适用范围，同时逐步完善政府担保制度，规范政府担保程序，使政策性担保发挥应有的作用。另外在满足一定条件的情况下，比如在经济发达、市场经济制度完善的地区，应该为高技术产业发展创造更多的商业担保空间，大力发展商业担保，充分发挥商业性担保作为高技术产业发展融资支持主体的市场作用，政策性担保则作为其有效的补充方式。商业担保从担保主体考虑，既包括贷款企业之间的互相担保，也应包括银行等金融供给机构之间的互相担保业务，同时应该积极鼓励担保机构相互帮助，增加担保机构彼此间的信任度。此外，高技术贷款担保企业可以与合作的银行签订共同承担贷款风险的协议。这样做不仅可以降低担保方的担保风险，还增强了高技术企业的信贷资金安全，使信贷双方获益。风险共担机制是基于风险分摊的思想，实现高技术贷款中担保企业与协作金融机构风险共担的一种有效方式，该方式可以避免信贷风险过多集中于担保企业，同时作为协作方的金融机构承担部分信贷风险，能促使银行对受保企业进行更全面精确的审查和实时的信贷监督控制，不断提高信贷监督质量。比如完善商业银行内部审计部门对信贷业务的监督机制或建立专业监督部门强化对日常信贷业务的监督等。还可以面向社会公众筹集资金成立担保机构，以减轻政府的财政压力，减少高技术中小企业的金融信贷风险，从而形成多元化的信用担保体系[209]。

第二，完善再担保业务操作。再担保业务，即指在已有担保的情况之下，对这个担保行为进行二次担保。一方面，再担保行为发生在首次担保之后，所以相对于首次担保行为，其所要承担的风险较低且可以分摊首次担保机构的资金要求。另一方面，再担保行为也拓展了担保机构的业务数量。并且再担保业务是在市场机制的基础之上建立起来的，再担保业务对于金融机构担保制度的完善、担保机构管理水平的提高、担保机构抗风险能力的提高有着重要的作用[210]。但是再担保业务的诞生，必然会增加每单位担保机构的业务量，所以伴随着业务量的拓展，担保机构对于担保的代偿资金必然随之增加，而因为高技术产业的经营特征，为高技术产业担保代偿资金的要求会更高，这是担保机构开展再担保业务不可忽视的问题。所以，担保机构需要针对高技术产业的特点，建立再担保的补偿机制，如提高对于高技术产业发展再担保业务的保费，或者针对未来可能出现的代偿资金支出、代偿资金可能发生的损失支出以及担保机构经营业务的亏损计提准备金。

第三，加强对担保形式贷款等业务的监管。担保业务是金融业健康发展的重要工具。当前中国高技术产业中需要贷款担保的对象主要是中小企业，这部分贷款担保在很多方面还存在较多问题。对于具有担保形式的贷款等业务，金融机构不可高枕无忧，放任不管，而应实时动态监管，对于担保对象、担保企业都应给予高度关注，最大限度地降低信用担保的违约风险，保障担保形式贷款等相关业务的良性发展，这不仅对担保行业的长远发展有利，对金融机构抗风险能力的提高、降低高技术企业的信贷压力也都有重要意义。

6.2.3.5　完善金融机构风险分散和控制机制

目前中国金融机构运行机制已逐步优化，但是风险识别、风险分散和风险控制的管理能力仍待加强。在金融机构支持高技术企业发展的过程中，风控管理能力的提高显得尤为重要。

第一，进行风险的动态监控。风险的动态监控主要指金融机构在针对高技术产业相关业务的运行处理过程中，对其发展和环境应该实施全程监督，并做出决策的动态调整。金融机构在识别贷款对象存在的风险时，对其呈报的书面数据要认真稽核，严格按照放贷规定对放款的高技术企业的各项指标进行必要的调查分析，对初期风险识别中风险度较高的高技术企业在其贷款偿还期内应予以警惕，即事中对于此类高技术企业发展情况应保持必要的监督，若发现高技术企业经营状态恶化，或者出现严重违规行为，应立刻启动退出机制，将金融机构的损失降到最低。除此之外，可以开发金融技术形成计量模型量化风险，从而对高技术企业发展携带及传递给金融机构的风险开展有效识别和高效计量。同时应积极创新风险控制的管理手段，在对高技术产业服务的过程中，对相关风险度高的业务可以和保险公司开展合作，购买商业保险，这也是金融机构降低风险的有效方式之一。

第二，运用金融衍生工具实现风险分散。运用金融衍生工具可以消化金融机构的部分业务风险。针对高技术企业金融机构可以尝试运用如下方式：对于存在不良资产的高技术企业，金融机构将其中的不良资产评估后打包，将其转化为利率、期限不同的有价证券即不良资产证券化并向社会公众发行；对于发展态势良好的高技术企业，如技术成果市场反应好，接受程度高，企业发展前景明确，经营业绩良好，金融机构可以引入灵活性较大的金融衍生工具，如担保换期权、债务转股权等模式，在互惠互利的基础上最大限度地支持高技术产业发展。

6.3 金融需求端建议

上述内容从金融供给侧方面提出了改革建议，金融供给侧作为提高两系统耦合协调度的主要改革对象，应该给予重点关注，但金融需求端的高技术产业在与金融供给侧耦合过程中的完善优化也不能被完全忽视。需求端的完善对策主要包含以下几方面内容：一是高技术产业对于金融供给资源的配置机制的完善对策，二是对与金融供给方面有直接影响关系的高技术产业的融资结构优化提出建议。

6.3.1　优化金融供给资源配置机制

金融供给侧与高技术产业发展优质耦合，在高技术产业发展方面应该考虑对金融供给的资源配置体制、结构等方面加以改善。金融供给侧供给的金融资源作为高技术产业发展资源的重要部分，只有进行科学配置，才能使金融供给侧改革在促进高技术发展方面发挥显著的作用。高技术产业发展应该采取与时俱进的管理方式，针对高技术产业发展中金融供给等方面的资源要素展开有效配置、风险评价、追踪监管，并合理考虑资源配置的管理成本以及可能发生的机会成本，使金融供给资源在高技术发展过程中发挥最大作用。高技术产业对金融供给资源的配置不仅反映出国家的产业发展规划，而且直接关系到国家创新发展的方向，故在高技术产业发展中，需要高度重视金融供给资源的配置和使用。若是高技术产业对金融供给资源配置结构不合理或不科学，区域间或者企业间就会形成资源浪费以及资源匮乏并存的问题，必然会削弱金融支持其发展的效果。

6.3.1.1　推动高技术产业对金融供给资源配置体制的优化改革

当前中国高技术产业对金融供给资源配置在体制结构方面亟须优化。高技术产业服务管理机构虽有明确的分工，但是欠缺协调性，相关部门间的交流以及合作沟通严重不足[211]。基于此类体制结构，高技术产业发展和金融供给资源间的关联被阻断，同时高技术产业发展格局依然固化。如今，中国高技术央企等大型国企依然在金融资源、科研成果等资源占据方面略胜一筹，而对于地方高技术企业而言，其数量相对较多，规模不大，且金融供给资金、服务等支持不足，因而科技成果相对较少，转化率也不高。比如相对成熟的大型高技术企业在政策性金融资源获取方面还是存在比较优势的，建议在条件满足的情况下政策性金融资源逐步向全体高技术企业开放，创建大众型高技术企业参与竞争政策性金融资源的优质环境，实现国家政策性金融资源的共享。并且，就高技术产业金融资源配置而言，应该凭借市场竞争规律，有效地展现出市场配置高技术产业金融资源所具备的基础性作用，让高技术企业在获取经济效益的过程中可以积极开展自主竞争，最终以市场经济引领金融等各种资源配置，逐步消除高技术产业发展中金融资源配置的垄断格局，加大对中小型高技术企业的重视，鼓励金融供给资源主动与中小高技术企业形成沟通与合作的关系，使得大中小型高技术企业都能够得到平衡发展，合力提升中国高技术企业的水平。

6.3.1.2 促进高技术产业在不同行业和领域合理配置金融供给资源

高技术产业包括电子信息等 8 个行业，其在实际发展过程中是相互作用、相互影响的。任何微观领域都存在其自身的发展规律，且发展目标有所差异，或追求协同发展，或追求个体独立发展，当前金融供给资源投入需要关注的另一重要问题就是高技术产业发展的平衡以及协调。对金融供给资源的配置要体现出科学发展观的核心内容，就是要统筹协调，对高技术产业金融供给等资源要素在不同行业和领域进行统筹协调，才可以有效发展科技，推进高技术产业的发展。我国科技部一直强调，高技术产业内部应该增进相互之间的合作关系，分工细化国家科技研发的计划，顺应市场的发展趋势来发展科学技术。

统筹之下必须创建高技术产业发展金融资源配置的协调机制，对高技术产业的金融供给资源进行科学合理的分配，有效利用政府各部门力量，有效结合院校和科研机构的力量，有效结合中央和地方的力量，提高金融供给资源利用率。

在如今多数行业都存在资金等资源欠缺的情况下，必须调整和优化存量资源配置，且在特定的情况下能够给予适当的增量资源。因而，除了需要构建平衡稳定的金融市场方向投入机制，还要对高技术行业金融投入结构进行调整，优化高技术产业资源的配置。

6.3.1.3　积极探索高技术产业发展与金融供给资源的结合方式

积极探索高技术产业发展与金融供给资源的结合方式，构建政策性金融、商业性金融以及其他金融资源供给方式相互配合的高技术产业发展支撑机制。

比如前述高技术企业可以通过在金融机构持股，将资本运营向金融领域扩展，金融机构也可以借助参股等方式向高技术企业进行资本渗透，通过高技术产业资本运营与金融供给资本的双向衍生，可以形成高技术产业发展的金融资本集团。同时，必须采取合理的措施来确定高技术金融供给资源所属的供给主体以及产权属性。只有在供给主体确定了所有权以及处置权之后，才可以在实质上获取高技术产业资源的使用权以及让渡权，进而才能够使得金融供给资源配置和利用变得更为高效。

6.3.2　完善产业融资方式

作为金融需求端的高技术产业，合理的融资方式选择关系到金融供给的直接效果,对其生存与发展至关重要,直接影响到高技术产业发展的效率[212]。融资方式和融资结构选择不合理,会使得金融供给不能达到企业预期目标,高技术企业的经营风险会很快转化为财务风险,进而引发财务危机,再进一步引发高技术企业破产的危机,降低高技术产业的发展绩效。对当前高技术产业的平均负债水平和结构存在不合理的现象应该予以重视,故在高技术产业发展的过程中,探求融资方式的科学化是管理者必须要解决的问题。下面将详细阐释在金融需求端应如何优化产业融资方式,从而使其与金融供给更加协调。

6.3.2.1 高技术产业自身积极拓展融资新工具

高技术产业应积极拓展适合自身特点的融资工具,比如在其发展过程中具有固定资产投资规模巨大、固定资产投入产出期较长这些显著的特点,对此融资租赁方式比较适合。高技术产业可以利用融资租赁方式获得发展生产的设备,多方面利益共享,可显著提高高技术产业的市场绩效。融资租赁区别于经营租赁的实质是伴随租赁资产的风险与报酬的归属问题[213]。融资租赁业务通过长期应付款账户开展会计核算,其实质是以债务融资的方式获得实物资产的新型金融工具。融资租赁由经营租赁衍生而来,债务人提出请求,通过债权人审查,并且由债权人提供购买资产需要的资金,债权人可以是金融机构也可以是其他性质的机构,因此融资租赁实质上既解决了作为债务人的高技术企业的资产适用性问题,同时解决了资产的抵押还款问题,作为特殊融资工具满足市场双方的利益诉求。还可以采取售后回租的方法租赁设备,类似于此的融资工具对于高技术产业发展大有裨益。

6.3.2.2　调整优化负债融资的水平和结构

目前中国高技术产业的总体负债融资水平和结构既不合理也不稳定，主要存在两方面问题。一方面是负债比率不合理，从偿债期限的时间长短来看，产业内平均流动负债占比份额过高。由于内源融资存在金额上的限制性，在剩余的两种融资方式中，债务融资方式在某一阶段成了更具优势的选择，债务资本相对于其他融资方式成本小、较稳定且附带税盾效应，但负债融资的高风险性不可忽略，高技术产业应该在一定范围内科学合理地发挥负债融资的优势，同时应在降杠杆政策的指引下逐步减少债务融资[214]。另一方面，高技术产业在债务融资内部结构中应增加长期负债融资方式的比率，这项债务融资方式将促进产业发展，因为长期有息负债为高技术产业提供的现金流偿还期限长、金额较大且稳定，而且可以避免短期负债所带来的还本付息压力，这些特征对高技术企业进行研究开发活动具有其他融资方式不可比拟的优势。当前长期有息负债在高技术产业融资结构中所占比率极小，主要是由于一方面高技术企业债券发行条件严格，另一方面申请长期借款对抵押担保有较高的要求，对于高技术产业实施长期负债融资来讲都是障碍。高技术产业可以通过其他方式调整负债结构，比如高技术产业可以通过债务重组的方式减少流动负债，适当增加长期负债，逐步实现产业平均负债比例合理化。对于已获得的长期负债，高技术企业需要制订长期使用计划，有效地利用长期负债，发挥其应有功效。

6.3.2.3　适时动态调整融资方式

高技术产业具有较强的时代特征，其融资方式应考虑外部环境等因素的发展变化，如行业发展趋势、宏观经济环境、国家法律法规的调整等都是处于不断变化过程中，因此，高技术产业的融资方式和结构不应该固化不变，而应是一个动态的调整过程，需要随着环境的变化而做相应的调整，并非静止不动[215]。高技术产业发展通常具有波浪式上升下降循环往复的过程，因此需要考虑经济周期并分析行业周期的每个阶段的特征，采取适当的财务政策，优化调整融资方式。比如在经济周期中的扩张阶段和紧缩阶段，财务杠杆会产生截然相反的作用。具体来讲，当经济大环境处于下行阶段时，高技术产业整体应采取紧缩的财务战略，尽可能避免使用财务杠杆，此时高技术企业应降低负债比例，处置长期资产，避免资金积压，提高变现能力，降低破产风险。此外，在高技术产业发展鼎盛期，高技术企业可利用充足的现金流赎回债券并发行股票。因为此时股价较高，融资效率会更高。所以融资方式应关注经济环境的变化发展调整融资决策，只有结合外部的宏观经济环境，抓住发展机遇，科学融资，才能助力高技术产业快速发展。当今创新经济对高技术产业发展来讲无疑是有利时机，因为高技术产业相对于传统行业其对于市场政策的反应更为敏感，创新发展中融资方式对高技术产业发展的助涨助跌的作用会更明显。故通过合理安排融资方式，科学利用融资工具，积极发挥与金融供给侧的协调耦合效应对促进高技术产业发展会有明显作用。

本章小结

本章研究基于前文金融供给侧与高技术产业发展耦合程度实证

研究的前提下，着力分析金融供给侧与高技术产业发展没有达到优质耦合存在的原因，从而针对性提出金融供给侧改革建议。总体上，中国国内针对高技术产业发展的金融有效供给不足、金融供给效率较低，究其原因是商业金融机构对高技术企业的信贷配给问题突出，针对高技术产业发展的金融供给的配套服务业发展步伐严重滞后，针对高技术产业发展特征的金融产品创新不足，同时国内高技术产业发展特点影响与金融供给侧的优质耦合。金融供给侧与高技术产业发展非均衡的现象主要表现为金融供给侧发展滞后于高技术产业发展，故金融供给侧亟须改革，以此实现金融资源供需均衡，有效推进高技术产业发展。在对策建议部分，主要从政府、市场、金融机构等多角度出发，针对如何支持高技术产业发展探讨研究了金融供给侧改革，提出具体的金融供给侧改革建议，同时对金融资源需求端也简要提出了完善对策。本章创新之处体现在提出了精准支持高技术产业发展的金融供给侧改革对策，使得金融供给侧改革对策指向性和实用性更强。

第七章　研究结论与研究展望

7.1　研究结论

研究首先综述了关于金融供给侧、高技术产业发展以及两系统相互关联的已有研究，发现已有研究主要存在两个方面的局限性：其一，未能同时考虑金融供给侧与金融需求端两个方面。当前对于高技术产业发展和金融供给侧的研究，往往单向考虑金融供给对高技术产业发展的影响作用，而忽略了高技术产业发展与金融供给其实是共生、协同、聚合的相互作用，研究只考虑单向作用会使得结论片面化。其二，少有紧密结合高技术企业的产业特点（包括产业发展水平和产业发展阶段）深入探讨金融供给侧改革的研究，以致结论针对性不强。

基于系统科学视角，本书建立了高技术产业发展水平和金融供给侧的测度指标，首先运用计量方法分析检验了高技术产业发展与金融供给侧两系统之间的关系，在此基础上，从动态耦合协调视角深度分析了当前高技术产业发展与金融供给的具体耦合协调程度。结合实证结果，通过前文的分析，得到如下主要结论：

第一，计量分析检验显示金融供给侧与高技术产业发展两系统存在长期协整均衡发展关系，并互为因果。金融供给通过金融规模、金融结构、金融效率 3 个直接途径对高技术产业发展的投入、产出以及发展潜力产生积极影响，并通过政策性金融对高技术产业发展产生导向作用、市场金融对高技术产业发展产生加速作用以及金融创新对高技术产业发展产生推动作用。金融供给的发展可以加速高技术产业的快速发展。同时，高技术产业对金融供给侧改革也起到战略引领作用，促进了金融供给业务规模化发展，改变了金融供给服务方式，扩大了服务范围，激发了金融供给创新，变革了金融供给机构的组织形态，为金融供给侧改革提供了风控保障等。

第二，运用耦合协调度模型研究金融供给与高技术产业发展的协同耦合状况。模型演变结果如下：①系统发展状况显示 2009 年后中国高技术产业进入跨越式发展阶段。金融供给侧系统在发展中发挥了对产业资金集聚和产业发展扩散的综合作用，对高技术产业发展系统的助推作用较强，使得高技术产业系统发展更为迅速，但金融供给侧系统由于受到 2008 年国际金融危机的影响，发展进程总体较缓慢，明显滞后于高技术产业发展系统。②耦合关联度的运算结果显示中国金融供给侧与高技术产业发展之间的耦合关联一直处于上升状态，从 1996 年的 0.513 9 上升到 2000 年的 0.840 4 后，金融供给侧与高技术产业协调耦合关联度一直维持在 0.9 以上，结果显示，2000 年后金融供给侧的发展与高技术产业的发展关联性较强。③动态耦合协调度显示，1996 年后两系统的耦合协调度逐步提升，初期两系统耦合协调度只有 0.173 2，2015 年末达到0.598 0，耦合协调度等级接近初级耦合发展。只有较高的耦合协调程度才会推动高技术产业的生存、发展、扩大、升级，而当前金融供给侧与高技术产业两系统耦合协调度还有较大的上升空间。

基于理论分析与实证研究结论，本书认为中国高技术产业发展与金融供给侧两系统互相影响，互相作用，共生融合，动态协调。当前金融供给侧发展略滞后于高技术产业发展，两系统要达到优质耦合协调状态还需完善优化，尤其是金融供给侧的改革势在必行。因为宏观环境分析的结果表明，较突出的问题是金融供给对高技术产业发展的支持作用未充分发挥，金融供给开放性思维不够，金融供给不注重高技术企业运行规律，过程偏于静态和机械。金融供给作为高技术产业发展的重要影响因素，对高技术产业的资源配置及发展意义重大，金融供给效率低等问题已成为阻碍高技术企业发展的桎梏。

7.2 研究展望

尽管本书对金融供给与高技术产业的耦合协调发展做了大量的理论分析与实证研究，但仍有许多方面的工作亟待完善和深入研究。

第一，完善和改进关于高技术产业发展水平和金融供给的评价指标体系。本书主要从三个子层面九项指标挖掘相关数据，随着金融经济的进步和学术研究理论的发展，后续的研究中可以不断对评价指标予以完善和补充。

第二，本书探讨了全国金融供给与高技术产业发展的耦合协调度，后续的研究中可以将研究范围细化至区域，分析不同地区金融供给与高技术产业发展水平的耦合协调度，对其进行更为细致的分析，使研究更加完整。

上述存在的问题，笔者将通过不间断的学习和探索，努力在后续研究中逐步加以解决。

参考文献

[1] Solow R M. Technical change and the aggregate production function[J]. The Review of Economics and Statistics,1957,39(3):312-320.

[2] Musiolik J, Markard J, Hekkert M. Networks and network resources in technological innovation systems: towards a conceptual framework for system building[J]. Technological Forecasting and Social Change, 2012,79(6):1032-1048.

[3] 潘石,王艺瑾.我国高新技术产业发展的制度条件分析[J].工业技术经济,2008(12):21-24.

[4] 赵昌文,陈春发,唐英凯.科技金融[M].北京:科学出版社,2009.

[5] Lethbridge D. Innovation in technology versus innovation in financing: two case studies[J]. Technovation,2003,23(11):869-878.

[6] George G, Ganesh P. Developemental financial institutions as technology policy instruments: implications for innovation and entrepreneurship in emerging economies[J]. Research Policy, 2003 (32):89-108.

[7] Radosevic S. Regional innovation systems in central and Eastern Europe: determinants, organizers and alignmenu[J]. The Journal of Technology Transfer,2002,27(1):87-96.

[8] 李克强. 2016年政府工作报告[R/OL]. (2016-03-05). http://news.xinhuanet.com/fortune/ 2016-03/05/c_128775704.htm，2016.

[9] 张桢. 我国高技术产业发展、金融结构优化与产业升级——基于最优金融结构理论的实证分析[J]. 工业技术经济，2016(2):97-104.

[10] 宋智文，凌江怀. 金融中介对高科技产业发展的影响实证研究——基于广东省时间序列数据的协整分析[J]. 科技进步与对策，2011(9):65-68.

[11] Ronald Mckinnon. Money and capital in economics development[M]. Washington D. C.: Bookings Institute，1973.

[12] Edward S Shaw. Financial deepening in economic development[M]. New York: Oxford University Press，1973.

[13] Miller M H. Financial innovation: the last twenty years and the next [J]. The Journal of Financial and Quantitative Analysis，1982 (21): 459-471.

[14] 萨伊. 政治经济学概论[M]. 陈福生，陈振骅，译. 北京：商务印书馆，1982.

[15] 李嘉图. 政治经济学及赋税原理[M]. 北京：商务印书馆，1981.

[16] Silber. The process of financial innovation[J]. American Economic Review，1983(73):89-95.

[17] 保罗·克雷·罗伯茨. 供应学派革命[M]. 杨鲁军，等译. 上海：上海译文出版社，1987.

[18] Haiss P，Sümegi K. The relationship between insurance and economic growth in Europe: a theoretical and empirical analysis [J]. Empirica，2008(35):405-431.

[19] Tennant D，Abdulkadri A. Empirical exercises in estimating the

effects of different types of financial institutions' functioning on economic growth[J]. Applied Economics, 2010(42):3913-3924.

[20] Skipper H D, Kwon W J. Risk management and insurance: perspective in a global economy[M]. Oxford: Blackwell Publishing Ltd,2007.

[21] 厉以宁. "十三五"应从供给方面更好地发力[J]. 中国经贸导刊,2015(36):23-24.

[22] 滕泰. 供给侧的觉醒:从财富原点再出发[M]. 北京:化学工业出版社,2016.

[23] 许梦博,李世斌. 基于马克思社会再生产理论的供给侧结构性改革分析[J]. 当代经济研究,2016(4):43-50.

[24] 王炫,邢雷. 以马克思主义政治经济学引领供给侧结构性改革[J]. 经济问题,2017(2):19-23.

[25] 高连奎."新供给主义经济学"的创新与价值[J]. 现代国企研究,2017(11):71-73.

[26] 朱玉强. 中国的新供给主义实践与理论新探[N]. 上海证券报,2016-02-19.

[27] 冯志峰. 供给侧结构性改革的理论逻辑与实践路径[J]. 经济问题,2016 (2):12-17.

[28] 胡鞍钢,周绍杰,任皓. 供给侧结构性改革——适应和引领中国经济新常态[J].社会科学文摘,2016,31(2):17-22.

[29] 贾康,张斌. 供给侧改革:现实挑战、国际经验借鉴与路径选择[J]. 价格理论与实践,2016(4):5-9.

[30] 金海年. 新供给经济增长理论:中国改革开放经济表现的解读与展望[J]. 财政研究,2014(11):2-7.

[31] 冯·贝塔朗菲. 一般系统论:基础、发展和应用[M]. 林康义,魏宏森,等译. 北京:清华大学出版社,1987.

[32] Hall A D. A methodology for systems engineering[M]. New York: Van Nostrand, Reinhold Company, 1962.

[33] 钱学森,等. 论系统工程(增订本)[M]. 长沙:湖南科学技术出版社,1988.

[34] 钱学森. 创建系统学[M]. 太原:山西科学技术出版社,2001.

[35] 苗东升. 系统科学精要[M]. 北京:中国人民大学出版社,1998.

[36] Doloreux D. What we should know about regional systems of innovation [J]. Technology in Society,2002(24):243-263.

[37] Loehle C. Control theory and the management of ecosystems[J]. Journal of Applied Ecology,2006,43(5):957-966.

[38] Jackson M C. Systems methodology for the management sciences[M]. New York: Plenum Press, 1991.

[39] 杨玉珍,许正中. 系统间耦合衍生的复合生态型理念及其运行综述[J]. 科技管理研究,2009(10):363-366.

[40] 任继周. 系统耦合在大农业中的战略意义[J]. 科学,1999(6):12-14.

[41] 吴大进,曹力,陈立华. 协同学原理和应用[M]. 武汉:华中理工大学出版社,1990.

[42] 陈建明,张仲义. 基于系统工程的系统分类法及应用[J]. 系统工程学报,2000(1):61-66,85.

[43] Orton J D, Weick K J. Loosely coupled systems: a reconceptualization[J]. The Academy of Management Review, 1990(15):203-223.

[44] 李艳,曾珍香,武优西,等. 经济-环境系统协调发展评价方法研究及应用[J]. 系统工程理论与实践,2003(5):54-58.

[45] 陈仲伯. 高新技术企业持续技术创新体系研究[D]. 长沙:中南大学,2003.

[46] 贾文华,等. 苏联(前)科技进步概论[M]. 北京:气象出版社,1993.

[47] 周文婷. 高新技术企业技术创新能力评价:基于价值增值视角[D]. 南京:南京航空航天大学,2010.

[48] 林夕慧. 中国高新技术企业技术标准化研究[D]. 杭州:浙江工业大学,2007.

[49] 陈大雄. 高新技术产业评价与发展研究——兼论湖南省高新技术产业的发展[D]. 长沙:中南大学,2004.

[50] 汪婷. 中国高新技术产业开发区发展的比较研究[D]. 合肥:合肥工业大学,2004.

[51] 赵家新. 高科技企业综合创新研究[D]. 武汉:武汉理工大学,2007.

[52] 高艺漩. 高新技术企业知识产权战略与核心竞争力研究[D]. 西安:西安电子科技大学,2007.

[53] 科技部出台最新国家高新技术产业开发区高新技术企业认定条件和办法[J]. 中国金属通报,2000(8):1-2.

[54] 徐冬冬. 基于实物期权的高科技企业价值评估方法研究[D]. 大连:大连理工大学,2007.

[55] 郭长亮. 基于实物期权的高新技术企业价值评估研究[D]. 镇江:江苏大学,2007.

[56] 卜洪运,吕俊杰. 我国高技术产业界定方法的研究[J]. 技术经济与管理研究,2003(1):80.

[57] 叶威,王作东,刘燕. 中国高新技术产业相关概念的界定和比较[J]. 中国高新技术企业,2009(7):3-4.

[58] 刘树林,姜新蓬,余谦. 中国高技术产业技术创新三阶段特征及其演变[J].

数量经济技术经济研究，2015(7)：104-116.

[59] 武星星，苗维亚. 我国高技术产业特征分析[J]. 科学学研究，2006，24(Z1)：115-119.

[60] 闫冰竹. 深化金融供给侧结构性改革[J]. 中国银行业，2016(3)：18-19.

[61] 刘向耘. 经济"新常态"与金融供给侧结构性改革[J]. 金融纵横，2016(10)：13-21.

[62] 董少鹏. 金融供给侧结构性改革的四个问题[N]. 证券日报，2016-11-26.

[63] 约瑟夫·熊彼特. 经济发展理论——对于利润、资本、信贷、利息和经济周期的考察[M]. 何畏，易家详，等译，北京：商务印书馆，2014.

[64] Hicks J. A theory of economic history[M]. Oxford: Clarendon Press, 1969.

[65] Gerard George, Ganesh Prabhu. Development financial institution as technology policy instruments: implication for innovation and entrepreneurship in emerging economics[J]. Research Policy, 2003(32):89-108.

[66] King R G, Levine R. Finance, entrepreneurship and growth[J]. Journal of Monetary Economics, 1993, 32(3):513-542.

[67] Alessandra C, Stoneman P. Financial constraints to innovation in the UK: evidence from CIS2 and CIS3[J]. Oxford Economics Papers, 2008,60(4):711-730.

[68] Luigi B, Fabio S, Alessandro S. Banks and innovation: microeconometric evidence on Italian firms[J]. Journal of Financial Economics, 2008,90(2):197-217.

[69] Levine R，Loavza N，T Beck. Financial intermediation and growth: causality and cause[J]. Journal of Monetary Economics，2000(46): 31-77.

[70] Lusinyan L. Financial structure and economic growth: a cross-country comparison of banks，markets，and development [M]. Cambridge:MIT Press，2001.

[71] Isik，Hassan. Financial deregulation and total factor productivity change: an empirical study of Turkish commercial banks[J]. Journal of Banking & Finance，2003(27):1455-1485.

[72] 孙伍琴，王培. 中国金融发展促进技术创新研究[J]. 管理世界，2013(6):172-173.

[73] Fafchamps M，Schündeln M. Local financial development and firm performance: evidence from Morocco[J]. Journal of Development Economics，2013(103):15-26.

[74] Goldsmith R W. Financial structure and development [M]. New Naven: Yale University Press，1969.

[75] Tadesse S. Innovation，information and financial architecture[J]. Journal of Financial & Quantitative Analysis，2006，41(4):753-786.

[76] Lin S，Ye H. The role of financial development in exchange hate regime choices[J]. Journal of International Money and Finance，2011，30(4): 641-659.

[77] Allen F，Gale D. Diversity of opinion and financing of new technologies[J]. Journal of Financial Intermediation，1999(1/2): 68-89.

[78] Levine R. Bank-based or market-based financial systems: which is

better? [J]. Journal of Financial Intermediation, 2002, 11(4): 398-428.

[79] 高明华. 再论中小金融机构发展与中小企业融资[J]. 金融理论与实践, 2008(10): 57-60.

[80] 林毅夫, 孙希芳, 姜烨. 经济发展中的最优金融结构理论初探[J]. 经济研究, 2009(8): 4-17.

[81] 林志帆, 龙晓旋. 金融结构与发展中国家的技术进步——基于新结构经济学视角的实证研究[J]. 经济学动态, 2015(12): 57-68.

[82] 房汉廷. 关于科技金融理论、实践与政策的思考[J]. 中国科技论坛, 2010(11): 5-10, 23.

[83] 李颖. 科技与金融结合的路径和对策[M]. 北京: 经济科学出版社, 2011.

[84] Hsu P H, Tian X, Xu Y. Financial development and innovation: cross-country evidence[J]. Journal of Financial Economics, 2014, 112(1): 116-135.

[85] 姚战琪, 夏杰长. 促进现代金融服务业与科技进步的融合与互动[J]. 上海金融, 2007(3): 9-13.

[86] 何德旭, 姚战琪. 中国金融服务业的产业关联分析[J]. 金融研究, 2006(5): 1-15.

[87] 王伟智. 电子商务下的证券业金融创新研究[D]. 广州: 暨南大学, 2007.

[88] 李学林, 李晶, 朱平安. 信息技术创新与互联网金融研究[J]. 技术经济与管理研究, 2016(12): 73-77.

[89] Barth J R, Caprio G Jr, Levine R. Bank regulation and supervision: what works best? [J]. Journal of Financial Intermediation, 2004,

13(2):205-248.

[90] 唐智鑫,管勇. 物联网技术与我国银行业的金融创新[J]. 金融科技时代,2011(9):80-81.

[91] 彭风,马光悌. 技术创新在证券金融服务中发挥越来越重要的作用[J]. 中国科技投资,2011(5):49-51.

[92] 何自力,徐学军. 一个银企关系共生界面测评模型的构建和分析:来自广东地区的实证[J]. 南开管理评论,2006,9(4):64-69.

[93] 孟宪昌. 风险投资与高技术企业成长[M]. 成都:西南财经大学出版社, 2003.

[94] 杨青,彭金鑫. 创业风险投资产业和高技术产业共生模式研究[J]. 软科学,2011,25(2):11-14.

[95] 杨青,梁新. 科技型中小企业投资价值测评指标体系研究[J]. 武汉理工大学学报(信息与管理工程版),2002,24(6):49-52.

[96] Malecki E J. High technology and local economic development[J]. Journal of the American Planning Association,1984,50(30):262-269.

[97] Riche, Richard W. High technology today and tomorrow: a small slice of the employment pie[J]. Monthly Labor Review,1983(11):26-39.

[98] 王炫,邢雷. 以马克思主义政治经济学引领供给侧结构性改革[J]. 经济问题,2017(2):19-23.

[99] 黄范章. 供给学派与里根经济政策[J]. 世界经济,1982(9):1-9.

[100] 逄锦聚. 经济发展新常态中的主要矛盾和供给侧结构性改革[J]. 政治经济学评论,2016,7(2):49-59.

[101] 张显高. "英国病"是怎样治愈的——撒切尔夫人的经济政策与英国经济[J]. 国际展望,1988(14):18-20.

［102］杨豫，王皖强．论撒切尔政府的反通货膨胀政策［J］．南京大学学报（哲学社会科学版），1996，33(4)：94-103.

［103］李罡．论英国的结构改革与经济增长——对撒切尔结构改革及其影响的再解读［J］．欧洲研究，2015，33(2)：60-80，6-7.

［104］毛锐．撒切尔政府私有化政策研究［M］．北京：中国社会科学出版社，2005.

［105］米尔顿·弗里德曼，罗斯·弗里德曼．自由选择：个人声明［M］．北京：商务印书馆，1982.

［106］杨丽君，邵军．新常态下德国工业 4.0 对我国供给侧改革的启示［J］．现代经济探讨，2016(4)：10-14.

［107］方福前．当代西方经济学主要流派［M］．2 版．北京：中国人民大学出版社，2014.

［108］程恩富，方兴起．供给侧结构性改革可借鉴德国嵌入式生产系统转型［J］．华南师范大学学报（社会科学版），2016(5)：79-86，190.

［109］席酉民，张晓军．从不确定性看管理研究逻辑及和谐管理理论的启示［J］．管理学报，2010(1)：1-6.

［110］K E Weick. Educational organizations as loosely coupled sytems［J］. Administrative Science Quarterly，1976(21)：1-19.

［111］Orton J D，Weick K J. Loosely coupled systems：a reconceptualization［J］. Academy of Management Review，1990(15)：203-223.

［112］曾繁清，叶德珠．金融体系与产业结构的耦合协调度分析——基于新结构经济学视角［J］．经济评论，2017(3)：134-147.

［113］吴勇民，王倩．互联网金融演化的动力——基于技术与金融的协同演化视角［J］．经济与管理研究，2016，37(3)：46-53.

[114] 王海军,张英杰. 中国东部地区产业集聚与金融发展的互动关系——基于耦合协调度模型的研究[J]. 北京交通大学学报(社会科学版),2015,14(2):7-12.

[115] 白彩全,黄芽保,宋伟轩,等. 省域金融集聚与生态效率耦合协调发展研究[J]. 干旱区资源与环境,2014,28(9):1-7.

[116] 王卉彤,刘靖,雷丹. 新旧两类产业耦合发展过程中的科技金融功能定位研究[J]. 管理世界,2014(2):178-179.

[117] 谭蓉娟,刘贻新. 战略性新兴产业科技创新与金融创新耦合效率研究——基于上市公司数据的实证分析[J]. 科技管理研究,2015(24):110-115.

[118] 童藤. 金融创新与科技创新的耦合研究[D]. 武汉:武汉理工大学,2013.

[119] 张莉,阮素梅,许启发. 金融业与产业发展匹配程度的实证研究[J]. 经济问题,2015(9):63-68.

[120] 王宏起,徐玉莲. 科技创新与科技金融协同度模型及其应用研究[J]. 中国软科学,2012(6):129-138.

[121] 和瑞亚,张玉喜. 中国科技金融对科技创新贡献的动态综合估计研究——基于自向量回归模型的实证分析[J]. 科技管理研究,2014(8):60-64.

[122] 张林. 金融业态深化、财政政策激励与区域实体经济增长[D]. 重庆:重庆大学,2016.

[123] 傅首清,赵豪迈,邱莞华. 高技术产业生命周期及其非技术因素分析[J]. 北京航空航天大学学报(社会科学版),2010,23(1):75-80.

[124] 新黄浦. 21 世纪的高技术产业发展展望[J]. 机电产品开发与创新,2000,18(1):21-22,20.

[125] 张陆洋.政府风险投资引导基金调研的结论与建议[J].华南理工大学学报(社会科学版),2010,12(6):29-32,44.

[126] 张梅,王慧.高科技产业成长的金融支持:国际比较与借鉴[J].新金融,2006(11):56-58.

[127] 卡萝塔·佩蕾丝.技术革命与金融资本:泡沫与黄金时代的动力学[M].田方萌,胡叶青,刘然,等译.北京:中国人民大学出版社,2007.

[128] 黄艺翔,姚铮.风险投资对上市公司研发投入的影响——基于政府专项研发补助的视角[J].科学学研究,2015(5):674-682.

[129] 陈坚.高新技术产业与金融的融合——美国硅谷模式的分析与启示[J].国际商务研究,2006,27(3):36-40.

[130] Morck R, M Nakamura. Banks and corporate control in Japan[J]. Journal of Finance, 1999,54(1): 319-339.

[131] 陈瑞雪.中国科技金融助推高技术产业发展的实证研究[D].青岛:中国海洋大学,2014.

[132] 梁少群.促进中国高新技术产业发展的金融创新体系研究[J].科技管理研究,2009(11):103-105.

[133] 李媛媛,金浩,张玉苗.金融创新与产业结构调整:理论与实证[J].经济问题探索,2015(3):140-147.

[134] 李颖.分层视角的科技产业与金融结合路径探析[J].产经评论,2011,2(3):12-24.

[135] 张元萍,刘泽东.金融发展与技术创新的良性互动:理论与实证[J].中南财经政法大学学报,2012(2):67-73.

[136] Lin J, Sun Y X, Jiang Y. Endowment, industrial structure and appropriate financial structure: a new structural economics Perspective [J]. Journal of Economic Policy Reform, 2013(16):

1-14.

[137] 龚强，张一林，林毅夫. 产业结构、风险特性与最优金融结构[J]. 经济研究，2014(4)：4-16.

[138] Fisman R，Love I. Financial development and growth in the short and long run [R]. The World Bank，2004.

[139] 申蕙. 金融支持现代农业发展研究[D]. 昆明：昆明理工大学，2017.

[140] 陈作章，贝政新，周晨. 商业银行科技支行业务创新案例研究[J]. 中国软科学，2013(1)：61-65，71.

[141] 龙云飞，李晶. 普惠金融发展与地区经济增长相关性研究——基于 31 省市 2015 年截面数据视角[J]. 西南金融，2017(10)：22-28.

[142] 赵增耀，陈斌. 城镇化与产业集群的耦合对技术创新效率的影响——基于江苏省的实证研究[J]. 苏州大学学报(哲学社会科学版)，2017，38(3)：32-40.

[143] 徐玉莲，王玉冬，林艳. 区域科技创新与科技金融耦合协调度评价研究[J]. 科学学与科学技术管理，2011，32(12)：116-122.

[144] 谢军，黄志忠. 区域金融发展、内部资本市场与企业融资约束[J]. 会计研究，2014(7)：75-81，97.

[145] 柳宏志. 中国高技术产业现状分析及发展对策[J]. 东北大学学报(社会科学版)，2000，2(3)：163-165.

[146] 邱奕青. 试述金融结构评价分析指标[J]. 财经界(学术版)，2014(14)：15-16.

[147] 马越峰，李建忠. 创新能力对高技术产业绩效影响测量实证研究[J]. 科学管理研究，2014，32(5)：63-66.

[148] 李拓晨，丁莹莹. 环境规制对中国高新技术产业绩效影响研究[J]. 科学进步与对策，2013，30(1)：69-73.

[149] 沈军,白钦先. 中国金融体系效率与金融规模[J]. 数量经济技术经济研究,2013,30(8):35-50.

[150] 陈晴旖,张宁. 北京市金融规模、金融效率与经济增长关联度——基于 VAR 模型的实证分析[J]. 产业经济评论,2015(1):89-99.

[151] 李健,贾玉革. 金融结构的评价标准与分析指标研究[J]. 金融研究,2005(4):57-67.

[152] 喻平,严卉靓. 金融创新与经济增长的耦合关系——基于湖北省数据的例证[J]. 武汉理工大学学报(社会科学版),2016,22(12):54-59.

[153] 王正明,温桂梅,路正南. 基于耗散结构系统熵模型的产业有序发展研究[J]. 中国人口·资源与环境,2012,22(12):54-59.

[154] 雷勋平,Robin Qiu. 基于熵权可拓决策模型的科技竞争力评价研究——以中部六省为例[J]. 科技进步与对策,2013,30(3):122-127.

[155] 张晓峒. 计量经济学基础[M]. 3 版. 天津:南开大学出版社,2007.

[156] 解学梅,霍佳阁,祝效国. 能源强度与经济增长的动态关系——基于能源结构、政府干预多维视角的计量经济模型[J]. 系统管理学报,2016(5):777-786.

[157] Walker Hanon, Antonio Miscio. Agglomeration: a long-run panel data approach[J]. Journal of Urban Economics,2017,99:1-14.

[158] 王卉彤. 科技金融机制及其有序演进研究[M]. 北京:经济科学出版社,2013.

[159] 沈丽,鲍建慧. 中国金融发展的分布动态演进:1978—2008 年——基于非参数估计方法的实证研究[J]. 数量经济技术经济研究,2013,30(5):33-47.

[160] 顾海峰. 战略性新兴产业演进的金融支持体系及政策研究——基于政策性金融的支持视角[J]. 科学学与科学技术管理,2011,32(7):

98-103.

[161] 俞颖,苏慧琨,李勇.区域金融差异演进路径与机理[J].中国工业经济,2017(4):74-93.

[162] 白钦先.金融结构、金融功能演进与金融发展理论的研究历程[J].经济评论,2005(3):39-45.

[163] 顾海峰.我国战略性新兴产业的业态演进与金融支持[J].证券市场导报,2011(4):57-61,66.

[164] 周迪."量"和"质"角度的中国金融规模地区差距及分布的动态演进——基于Dagum分解与扩展的分布动态学模型[J].上海经济研究,2015,27(1):19-28,36.

[165] 易纲,宋旺.中国金融资产结构演进:1991—2007[J].经济研究,2008(8):4-15.

[166] Allen F, Qian J, Qian M, et al. A review of China's financial system and initiatives for the future[M]//Barth J, Tatom J, Yago G. China's Emerging Financial Markets. Boston, MA: Springer, 2009.

[167] Boot A S, Greenbaum A. Thakor reputation and discretion in financial contracting[J]. American Economic Review, 1993(83): 1165-1183.

[168] 约瑟夫·熊彼特.经济发展理论——对于利润、资本、信贷、利息和经济周期的考察[M].孔伟艳,等译.北京:北京出版社,2000.

[169] Vladimir Glinskiy, Lyudmila Serga, Ekaterina Chemezova, et al. Clusterization economy as a way to bild sustainable development of the region[J]. Procedia CIRP, 2016(40): 324-328.

[170] 纪玉山,吴勇民.科技创新促进经济增长的微观机理与政策选择[J].

经济社会体制比较,2007(5):40-46.

[171] 李金生. 高技术企业自主创新能力的内生演化模型研究[J]. 南京师大学报(社会科学版),2011(3):85-95.

[172] 纪念改革开放40周年系列选题研究中心. 重点领域改革节点研判:供给侧与需求侧[J]. 改革,2016(1):35-51.

[173] 汤碧. 中日韩高技术产品出口贸易技术特征和演进趋势研究——基于出口复杂度的实证研究[J]. 财贸经济,2012(10):93-101.

[174] Hamilton W F, G R Mitchell. Managing R&D as a strategic option [J]. Research & Technology Management,2007,50(2):41-50.

[175] Carbonara N. Innovation processes within geographical clusters: a cognitive approach[J]. Technovation,2004, 24(1):17-28.

[176] 高懿. 新技术经济范式及中国的战略机遇——著名演化经济学家卡萝塔·佩雷斯观点摘要[J]. 中国科技财富,2011(7):60-63.

[177] 吴勇民. 技术进步与金融结构的协同演化研究:理论和实证[D]. 长春:吉林大学,2014.

[178] 吴敬琏. 中国的发展方式转型与改革的顶层设计[J]. 北京师范大学学报(社会科学版),2012(5):5-13.

[179] Kim B. Managing the transition of technology life cycle [J]. Technovation,2003,23(5):371-381.

[180] Haner U E. Innovation quality: a conceptual framework [J]. International Journal of Production Economics,2002(80):31-37.

[181] 吴伟伟,于渤,吴冲. 基于技术生命周期的企业技术管理能力评价研究[J]. 科学学与科学技术管理,2012,33(5):115-121.

[182] 傅瑶,孙玉涛,刘凤朝. 美国主要技术领域发展轨迹及生命周期研究——基于S曲线的分析[J]. 科学学研究,2013,31(2):209-216,

200.

[183] 许庆瑞,王勇,赵晓青. 高技术产业发展基本规律探析[J]. 研究与发展管理,2003(1):1-6.

[184] Ross C D. America's High-tech economy-growth, development, and risks for metropolitan areas[R]. Milken Institute,1999.

[185] 许庆瑞,郭斌,王毅. 中国企业技术创新——基于核心能力的组合创新[J]. 管理工程学报,2000,14(B12):1-9.

[186] 赫尔曼·哈肯. 协同学:大自然构成的奥秘[M]. 凌复华,译. 上海:上海译文出版社,2013.

[187] 孙红军,李红,马云鹏. 系统论视角下的"产城融合"理论拓展[J]. 绿色科技,2014(2):249-251.

[188] 白华,韩文秀. 复合系统及其协调的一般理论[J]. 运筹与管理,2000,9(3):1-7.

[189] 刘耀彬. 区域城市化与生态环境耦合特征及机制——以江苏省为例[J]. 经济地理,2006,26(3):456-462.

[190] 闫超. 基于耦合理论的高技术产业金融供给侧改革研究[D]. 合肥:中国科学技术大学,2016.

[191] 白列湖. 协同论与管理协同理论[J]. 甘肃社会科学,2007(5):228-230.

[192] 王玮,唐德善,金新,等. 基于系统动态耦合模型的河湖水系连通与城市化系统协调度分析[J]. 水电能源科学,2015(7):20-24.

[193] 姚勇,董利. 中国商业银行盈利分析[J]. 南开经济研究,2005(2):72-78,83.

[194] 刘海峰. 从中国金融发展现状谈金融制度创新[J]. 济南金融,2002(5):41-42.

[195] “高技术产业投融资体系问题研究”课题组. 高技术产业投融资体系问题研究[J]. 经济研究参考,2005(3):2-14.

[196] 孙国峰. 推进金融业供给侧结构性改革[J]. 清华金融评论,2017(7):24-29.

[197] 王仁祥,杨曼. 科技创新与金融创新耦合关系及其对经济效率的影响——来自35个国家的经验证据[J]. 软科学,2015(29):33-41.

[198] 杜琰琰,束兰根. 从科技支行到科技银行——基于文献研究和实际调研[J]. 科技进步与对策,2014,31(9):5-10.

[199] 黄国平,孔欣欣. 金融促进科技创新政策和制度分析[J]. 中国软科学,2009(2):28-37.

[200] 金珊珊. 金砖国家科技创新金融支持体系研究[D]. 大连:东北财经大学,2014.

[201] 程永波. 政产学研协同创新　提升内生发展动力[N]. 中国高新技术产业导报,2014-01-07.

[202] 阙澄宇,金珊珊. 科技资本市场对高新技术企业创新支持分析——基于辽宁、山东、四川、浙江四省的比较[J]. 社会科学辑刊,2013(5):106-111.

[203] 刘旭东,卢深勤,王永胜,等. 供给侧视域的中山市科技型小微企业信贷机制创新研究[N]. 中山日报,2017-04-11.

[204] 李永周,马军伟. 高技术产业风险投资的制度创新[J]. 中国科技论坛,2005(2):35-38,47.

[205] 傅毓维,等. 风险投资与高新技术产业共轭双驱动机理分析[J]. 科技管理研究,2007(2):129-132.

[206] 朱鸿鸣,赵昌文,姚露,等. 中美科技银行比较研究——兼论如何发展中国的科技银行[J]. 科技进步与对策,2012,29(10):84-90.

[207] 方放. 标准设定动因下高技术企业研发能力提升机理与评价研究[D]. 长沙:湖南大学,2009.

[208] 王宏峰. 高技术中小企业间接融资方略[J]. 财经问题研究,2002(4):72-78.

[209] 谢科范,陈龙,赵湜.企业自主创新信贷及担保风险补偿政策效果模拟[J].科学管理研究,2013(5):88-91.

[210] 吉亚辉,赵可静. 高技术中小企业比例担保融资模型的研究[J]. 生产力研究,2011(2):173-175.

[211] 徐晔,张秋燕.中国高技术产业各行业资源配置效率的实证研究——基于 DEA-Malmquist 指数方法[J]. 当代财经,2009(12):74-79.

[212] 周开国,卢允之,杨海生. 融资约束、创新能力与企业协同创新[J]. 经济研究,2017,52(7):94-108.

[213] 杨莉,邱尔妮. 中小型高新技术企业成长期融资策略分析[J]. 科技与管理,2009,11(2):56-59.

[214] 程惠芳,幸勇. 中国科技公司的资本结构、公司规模与公司成长性[J]. 世界经济,2003,26(12):72-75.

[215] 彭伟明. 基于开发性金融的珠三角战略性新兴产业融资模式研究[D]. 武汉:武汉大学,2014.

附录 A　中国 1996—2015 年金融供给侧系统指标数据

中国 1996—2015 年金融供给侧系统指标数据(一)

年份	M2 (亿元)	存贷款 /GDP	金融业增加 值/GDP	优良资产率 (%)	银行总资产 报酬率(%)
1996	76 094.9	1.806 8	0.051 5	75.6	0.65
1997	90 995.3	1.973 4	0.052 4	73.0	0.72
1998	104 498.5	2.138 9	0.050 6	65.0	0.79
1999	119 897.9	2.236 1	0.049 5	61.0	0.70
2000	134 610.4	2.225 5	0.048 2	70.8	0.73
2001	158 301.9	2.308 5	0.046 9	74.6	0.79
2002	185 007.0	2.482 9	0.045 6	73.9	0.82
2003	221 222.8	2.671 0	0.043 9	82.1	0.85
2004	254 107.0	2.572 1	0.040 7	86.8	0.89
2005	298 755.7	2.592 4	0.039 9	90.7	0.90
2006	345 603.6	2.595 2	0.045 3	91.1	0.89
2007	403 442.2	2.409 3	0.056 1	92.5	0.92
2008	475 166.6	2.408 6	0.057 3	93.3	0.81
2009	606 225.0	2.857 3	0.062 4	93.4	0.80
2010	725 851.8	2.899 1	0.062 2	97.6	0.92
2011	851 590.9	2.770 0	0.062 7	98.2	1.19
2012	974 148.8	2.863 7	0.065 1	98.4	1.20
2013	1 106 525.0	2.961 5	0.069 2	98.5	1.21
2014	1 228 375.0	3.036 5	0.072 5	98.4	1.16
2015	1 360 810.0	3.308 4	0.070 9	98.1	1.03

中国 1996—2015 年金融供给侧系统指标数据(二)

年份	存贷比	贷款集中度	融资结构占比	社会融资增量(亿元)
1996	0.891 814 6	0.389 6	0.011 3	10 118
1997	0.909 258 7	0.390 6	0.020 7	12 236
1998	0.904 137 9	0.371 6	0.011 4	16 355
1999	0.861 695 6	0.386 8	0.011 8	17 887
2000	0.802 645 9	0.408 0	0.022 0	19 023
2001	0.782 042 1	0.424 3	0.012 5	19 980
2002	0.768 171 8	0.435 6	0.009 8	20 112
2003	0.764 200 7	0.442 6	0.010 8	34 113
2004	0.738 110 3	0.465 9	0.010 4	36 629
2005	0.691 077 9	0.471 5	0.020 2	39 008
2006	0.671 623 1	0.487 6	0.042 3	42 696
2007	0.672 086 0	0.486 2	0.042 5	59 663
2008	0.650 777 5	0.464 3	0.040 5	69 802
2009	0.695 413 1	0.528 3	0.003 5	139 104
2010	0.694 353 0	0.541 7	0.045 9	140 191
2011	0.703 873 6	0.546 3	0.047 4	128 286
2012	0.713 470 0	0.557 3	0.065 9	157 631
2013	0.715 800 1	0.564 9	0.056 5	173 169
2014	0.739 407 1	0.576 1	0.071 3	158 761
2015	0.710 755 6	0.610 7	0.098 0	154 063

附录 B　中国 1996—2015 年高技术产业发展指标数据

中国 1996—2015 年高技术产业发展指标数据(一)

年份	高技术产业从业人员年平均人数(人)	高技术产业固定资产投资额(亿元)	高技术产业R&D经费内部支出(万元)	高技术产业主营业务收入(亿元)	高技术产业专利申请数(件)
1996	18 909	306.60	309 577	4 497	545
1997	17 411	173.61	420 153	5 618	713
1998	9 348	236.55	564 501	6 580	1 076
1999	9 492	211.80	675 580	7 820	1 482
2000	9 758	290.41	1 110 410	10 034	2 245
2001	10 479	396.02	1 570 109	12015	3 379
2002	11 333	986.78	1 869 660	14 614	5 590
2003	12 322	1 423.13	2 224 468	20 412	8 270
2004	17 898	1 790.49	2 921 315	27 846	11 026
2005	17 527	2 144.00	3 624 985	33 922	16 823
2006	19 161	2 761.02	4 564 367	11 585	24 301
2007	21 517	3 388.35	5 453 244	49 714	34 446
2008	25 817	4 169.23	6 551 994	55 729	39 656
2009	27 218	5 982.24	8 740 499	66 567	54 513
2010	28 189	5 844.73	8 678 300	67 483	56 683
2011	21 682	9 648.46	12 378 065	87 521	77 725
2012	29 631	12 932.65	14 914 940	102 284	97 200
2013	27 939	15 557.68	17 343 666	116 049	102 532
2014	26 894	17 451.72	19 221 544	127 368	120 077
2015	24 636	19 950.65	22 196 591	139 969	114 562

中国 1996—2015 年高技术产业发展指标数据(二)

年份	高技术产业利润总额(亿元)	高技术产业有效发明专利(件)	高技术产业新增资产(亿元)	高技术产业技术改造经费(万元)
1996	207	312	238.89	784 523
1997	309	341	135.01	815 127
1998	311	771	125.27	681 970
1999	432	845	232.54	692 550
2000	673	1 443	203.69	707 478
2001	688	1 553	190.71	1 172 261
2002	741	1 851	620.27	1 524 332
2003	971	3 356	939.43	1 550 355
2004	1 245	4 535	1 196.76	1 879 039
2005	1 423	6 658	1 464.00	1 590 214
2006	1 777	8 141	1 898.28	1 719 061
2007	2 396	13 386	2 071.33	2 109 878
2008	2 725	23 915	2 574.17	2 357 410
2009	3 979	50 166	4 250.41	2 187 343
2010	4 180	31 830	3 360.45	2 686 000
2011	5 245	67 428	6 355.15	2 396 391
2012	6 186	97 878	8 377.13	3 191 778
2013	7 234	115 884	9 874.27	3 671 266
2014	8 095	147 927	11 790.74	3 165 342
2015	8 986	199 728	14 307.54	3 355 721